La collection « en question » est dirigée
par Jean Yves Collette

À Hélène et Vianney.

Voici le dernier travail de
Jeanne terminé quelques jours
avant de mourir.

Jean-Marie.

LE CONTE
Du mythe à
la légende urbaine

DE LA MÊME AUTEURE

Phonétique théorique et pratique,
en collaboration avec René Charbonneau,
Montréal, Centre de psychologie et de pédagogie, 1962

Phonétique appliquée,
en collaboration avec André Clas et René Charbonneau,
Montréal, Beauchemin, 1968

Commynes méMORiALISTE,
Montréal, Presses de l'Université de Montréal, 1975

L'Enjeu du manifeste / le Manifeste en jeu,
en collaboration avec Line McMurray,
Montréal, Le Préambule, 1986

L'Inframanifeste illimité,
en collaboration avec Line McMurray,
Montréal, éditions nbj, 1987

Montréal graffiti,
en collaboration avec Line McMurray et Josée Lambert,
Montréal, VLB éditeur, 1987

Montréal graffiti bis,
en collaboration avec Line McMurray et Josée Lambert,
Montréal, VLB éditeur, 1988

Graffiti et Loi 101,
en collaboration avec Line McMurray et Josée Lambert,
Montréal, VLB éditeur, 1989

Les Contes de Pamphile Le May,
en collaboration avec Lise Maisonneuve,
Montréal, Presses de l'Université de Montréal,
collection « Bibliothèque du Nouveau Monde », 1993

JEANNE DEMERS

LE CONTE
Du mythe à
la légende urbaine

QUÉBEC AMÉRIQUE

Données de catalogage avant publication (Canada)

Demers, Jeanne, 1924-2005

    Le Conte – du mythe à la légende urbaine

    (Collection En question ; 8ᵉ)

    Comprend des réf. bibliogr.

    ISBN 2-7644-0361-5

    1. Contes – Histoire et critique.

    I. Titre. II. Collection : En question (Montréal, Québec) ; 8ᵉ.

GR74.D45 2005   398.2/09   C2005-941185-6

Nous reconnaissons l'aide financière du gouvernement du Canada par l'entremise du Programme d'aide au développement de l'industrie de l'édition (PADIÉ) pour nos activités d'édition.

Gouvernement du Québec – Programme de crédit d'impôt pour l'édition de livres – Gestion SODEC.

Les éditions Québec Amérique bénéficient du programme de subvention globale du Conseil des arts du Canada. Elles tiennent également à remercier la SODEC pour son appui financier.

Révision linguistique : Liliane Michaud
Maquette de la couverture : Isabelle Lépine
Conception graphique et mise en pages : Jean Yves Collette

Québec Amérique
329, rue de la Commune Ouest, 3ᵉ étage
Montréal (Québec) H2Y 2E1

Téléphone : (514) 499-3000
Télécopieur : (514) 499-3010

www.quebec-amerique.com

Le conte, enraciné dans l'oralité depuis la nuit des temps, est devenu au fil des ans, et surtout en passant à l'écrit, l'un des genres littéraires les plus multiformes qui soient. En parler et tenter de le définir n'est pas sans remettre en question toutes les idées que l'on peut en avoir. Dès lors, comment aborder le conte?

Faire le point sur le conte, phénomène d'autant plus passionnant qu'il est divers, mystérieux, universel et vieux comme le monde, voilà vers quoi tend ce livre. Pour y arriver, il ouvrira de nombreuses pistes de réflexion. Par le biais de questions se recoupant les unes les autres on pourra, au fur et à mesure de l'analyse, éclairer les multiples réalisations du conte.

Quelles sont, par exemple, les relations du conte avec la légende ou avec le mythe? Comment expliquer que le rôle de quête initiatrice du conte mène à la liberté individuelle dans les sociétés modernes, alors qu'il privilégie le bien-être de la communauté dans les sociétés traditionnelles? Où se situe le conte écrit, littéraire, par rapport au conte oral? Et l'inverse? Faut-il voir une métamorphose du conte dans les légendes urbaines qui, depuis quelques années surtout, font le tour du monde? Si oui, s'agit-il d'une métamorphose positive, capable de donner au conte un souffle nouveau, ou d'une métamorphose négative, signe de fin prochaine? Que penser des dénaturations ludiques – parodiques, érotiques ou politiques – de contes classiques connus? Sapent-elles le conte dans ses caractéristiques

Conte

Attesté dès 1080, le mot dérive de «conter» (du latin *computare*), «énumérer», puis «énumérer les épisodes d'un récit», d'où «raconter». La réfection savante «compter» ne fut longtemps qu'une variante orthographique, et les deux formes sont employées indifféremment dans les deux sens jusqu'à la fin du XVIIe siècle. Conformément à son origine populaire, conte, comme conter et conteur, a toujours fait partie du langage courant, d'où son emploi souvent imprécis. [...]

En tant que pratique du récit, le conte appartient à la fois à la tradition orale populaire et à la littérature écrite. D'ailleurs, les points communs entre les deux domaines sont innombrables, sans qu'il soit possible, le plus souvent, d'établir s'il s'agit d'influence génétique directe ou de simple appartenance à un fonds thématique commun [...] Jusqu'à une époque récente, la pratique du conte populaire était une situation de communication concrète, orale. Le narrateur était présent et interpellait l'auditoire, qui intervenait parfois dans le récit. [...]

Dictionnaire des littératures de langue française, Paris, Bordas, 1987.

fondamentales ou contribuent-elles à pousser celles-ci à l'extrême? Enfin, qu'est-ce que le conte et quelles en sont les principales caractéristiques?

La prolifération actuelle du **conte** témoigne du rôle de parole rassembleuse que lui reconnaissent les sociétés et met en évidence ses extraordinaires qualités d'adaptation. Pour comprendre ses multiples états, nous emprunterons trois pistes parallèles: 1) la présentation de mots-clés ou de concepts-clés qui fondent le type très particulier de récit que constitue le conte; 2) le développement en continu de notre réflexion vers une définition, voire une description du conte; 3) la comparaison du conte avec des formes voisines.

La première piste est composée d'une série de concepts étroitement liés au conte: l'action de raconter et le savoir raconter, le conte traditionnel, le conte-type, les variantes et les versions, la collecte, la transcription, la réécriture, le contage, le conte rituel, les formules introductives et de conclusion, l'effet-conte (le récit-cadre, le recueil, l'illustration), la demande de conte, la cohabitation conte traditionnel et conte littéraire, le conte de fées, le jeu mensonge et vérité, la clôture du conte (trait et moralité), le conte sornette.

La deuxième piste à suivre est un mouvement vers une définition-description du conte, tel qu'il a été et tel qu'il existe présentement. Le conte va de l'Idée-conte qui persiste chez chacun, chacune d'entre nous, aux réalisations conteuses les plus diverses. Proposition ensuite d'un modèle, d'une forme archétypale du conte – l'Archiconte – qui privilégie la relation du conteur avec ce qui est conté par rapport au récit proprement dit. Puis, nous examinerons le fonctionnement de ce modèle, nous rapprochant de celui devenu classique de Vladimir Propp, qui implique le déroulement de l'histoire racontée, tout en faisant surgir de nouvelles fonctions du conte.

La troisième piste permettra de comparer le conte à des formes voisines plus ou moins connues : l'*exemplum*, la parabole, la ruse, le poème, la nouvelle, la fable, le roman, la légende, la légende urbaine. Dire ce que le conte n'est pas serait une autre manière de le définir, de marquer son espace, d'en prévoir même les éventuelles transformations. Le conte, dont ne semble pas pouvoir se passer le monde actuel et dont il faudrait pouvoir raconter l'histoire...

Si, par une sorte de mimétisme, nous empruntions la forme du conte qui, par définition, dissout nos explications et nos démonstrations dans une belle histoire, avec un début accrocheur, des aventures périlleuses et une fin réparatrice, serions-nous en mesure de raconter le conte ?

Il était une fois... le conte.

« Tout commença – assure Italo **Calvino**, qui s'est risqué à en imaginer les débuts – avec le premier conteur de la tribu. » Et de poursuivre en expliquant le décalage entre « les extrêmes pénuries de concepts dont disposaient les hommes pour penser le monde » et « le monde innombrable et multiforme » qui les entourait et souvent leur faisait peur. Décalage que le conte aurait contribué à combler en nommant, au-delà des pratiques quotidiennes – langagières et coutumières – l'innommable justement, quitte à le coder. Cela se serait passé comme ceci :

> « Le conteur de la tribu accroche entre elles des phrases, des images : le plus jeune fils se perd dans le bois, il voit une lumière au loin, il marche, le

**Italo Calvino
1923-1985**

La publication de trois contes philosophiques, *Le Baron perché*, *Le Vicomte pourfendu* et *Le Chevalier inexistant* assure à leur auteur la reconnaissance et le succès dès les années 1950.

conte se déroule de phrase en phrase, vers où tend-il? Vers le point où quelque chose d'encore non dit, quelque chose qui n'est qu'obscurément pressenti, se révèle et nous happe et nous déchire comme la morsure d'une sorcière anthropophage. Dans la forêt des contes, passe, comme un frémissement de vent, la vibration du mythe*. »

* Italo Calvino,
La Machine littérature,
Paris, Seuil, 1984.

Texte inspirant s'il en est et dont on serait content de se satisfaire. Ne rejoint-il pas l'origine vraisemblable du conte, du moins de l'histoire que celui-ci véhicule? Ainsi en est-il d'un autre texte, celui-là de science-fiction, qui nous présente des conteurs et un auditoire potentiels. Le contexte : au cours d'un grand rassemblement de clans chez l'homme de Neandertal, diverses épreuves doivent départager les meilleurs parmi les tailleurs de silex et les conteurs :

«Choisir ses plus beaux outils et les présenter ici est une chose, Grod, mais les fabriquer devant tout le monde en est une autre qui demande de la chance. Le jeune homme du clan de Norg ne m'a pas l'air maladroit, répliqua Droog.

— C'est justement une épreuve où ton âge te donnera l'avantage, Droog, affirma Goov. Il se sentira sans doute nerveux, alors que toi, tu as déjà l'expérience de ces jouets. Il te sera plus facile de te concentrer.

— Oui, mais j'aurai quand même besoin d'un peu de chance.

— Nous en aurons tous besoin, dit Crug. Je continue à penser que le vieux Dorv est le meilleur conteur.

— C'est parce que tu as l'habitude de l'entendre, Crug, dit Goov. Il est très difficile de départager les conteurs. Il y a aussi les femmes qui racontent très bien.

— Mais leurs histoires ne sont pas aussi passionnantes qu'une danse de chasse, dit Crug. Sans le vouloir, j'ai vu les chasseurs du clan Norg parler de leur chasse au rhinocéros, mais dès qu'ils m'ont aperçu ils se sont tus.

«Oga s'approcha timidement des hommes pour leur annoncer que le repas était prêt. Ils la renvoyèrent avec impatience, et elle souhaita qu'ils ne tardent pas trop à venir manger. Plus les hommes tarderaient, plus leurs compagnes mettraient de temps à retrouver les autres femmes qui se réunissaient pour écouter des histoires. C'étaient les vieilles qui le plus souvent racontaient les légendes du Peuple du Clan, et elles étaient non seulement instructives pour les jeunes mais encore divertissantes : il y avait des histoires tristes à vous fendre le cœur, des histoires drôles qui venaient à point pour dissiper les fortes émotions provoquées par les conteuses*.»

* Jean Marie Auel, *Les Enfants de la terre. Le Clan de l'ours des cavernes*, tome I, Paris, Presses de la Cité, 1991.

Dans ces exemples, il s'agit du récit de phénomènes imaginés. Que nous apprennent-ils de concret, de certain, au sujet du conte? Que nous disent-ils de sa mouvance, de ses transformations, de sa portée (outre, bien entendu, la portée de la littérature et celle plus précisément de l'expérimentation et de la découverte par le langage)?

Et si raconter le conte était impossible? Plusieurs ont tenté de remonter à ses origines pour se rendre à l'évidence : le conte n'a pas une racine unique. Pour les diverses versions d'un même conte, de nombreuses radicelles se mêlent à celles d'autres contes. Et on ne peut pas prétendre non plus, comme on l'a suggéré, à une influence purement orientale : des traces très anciennes de contes analogues aux contes indiens, par exemple, ont été trouvées en Occident. Aussi, il est probablement utopique d'imaginer établir un tracé du conte comme phénomène planétaire. À peine est-il possible de suivre l'itinéraire de certains de ces récits sur une courte période et dans des espaces bien définis. Un peu comme si l'on tentait de dresser l'arbre généalogique du monarque, papillon parmi d'autres, en suivant son périple annuel du Canada vers le Mexique, et son retour.

Tout récit tend vers une fin. Or, le conte est loin d'être mort malgré la quasi-disparition de sa forme orale durant près d'un siècle, en France, et d'un demi-siècle, au Québec. Il connaît même, en ce début de millénaire, un regain d'intérêt que ne suffisent pas à expliquer ni son maintien minimal dans la culture populaire – au moins comme un savoir qui va de soi – ni son existence vigoureuse dans l'écriture.

L'engouement pour le conte ne va pas sans pluralité ni diversité. Comment se traduit cette vague qui porte le conte dans toute la Francophonie ? Est-ce un signe des temps modernes ?

Le renouveau du conte est indéniable. Ce type de récit prend plusieurs formes, qu'il est bon de distinguer si l'on veut vraiment comprendre ce qui se passe. Une première remarque s'impose : de nos jours, quand il est question du conte, c'est moins du conte pour enfants qu'il s'agit que du conte pour adultes. Pour désigner le conte destiné aux enfants, la précision « pour enfants » va de soi.

Alors que le conte pour enfants maintient une présence plusieurs fois centenaire dans la famille, à l'école et sur la place publique, le conte pour adultes, quant à lui, est à peu près disparu des milieux qui le pratiquaient encore oralement, à la fin du XIXe siècle, en France, et au début du XXe siècle, au Québec. Aujourd'hui, il ne subsiste plus, vivant, que sur le continent africain, dans des pays comme Haïti et dans de petites communautés forcées par les circonstances de vivre repliées sur elles-mêmes. Ailleurs, tout se passe comme si le conte oral, traditionnel, de langue ou d'influence française, avait cédé la place au conte littéraire, mis en valeur de part et d'autre de l'Atlantique par les Alphonse Daudet, Guy de Maupassant, Alphonse Allais, Pamphile Le May, Honoré Beaugrand, Benjamin Sulte, Louis Fréchette, pour ne nommer que ceux-là.

Léon-Pamphile Le May
1837-1918

Avocat, bibliothécaire de l'Assemblée législative, écrivain et traducteur, il a donné la pleine mesure de son talent dans ses *Contes vrais*, parus la première fois en 1899, où il évoque les légendes du patrimoine québécois.

Photo anonyme provenant du fonds Pamphile Le May, de la BNQ.

Louis-Honoré Beaugrand
1848-1906

Romancier, essayiste, journaliste et militaire. Vingt-deuxième maire de Montréal (1885-1887), officier de la Légion d'honneur. Fondateur du journal *La Patrie* (1879). Auteur de *La Chasse-galerie, légendes canadiennes* (1900).

Gravure tirée de L'Album universel, vol. 23, n° 1173, 20 octobre 1906.

Benjamin Sulte
1841-1923

Journaliste, écrivain, fonctionnaire et historien aux idées libérales, il fait paraître en huit volumes (1882-1884) son *Histoire des Canadiens-français...* Influencé par le courant réaliste, il adopte une position critique à l'égard des sources traditionnelles et il s'intéresse aux conditions de vie des gens du peuple.

Gravure anonyme.

Louis-Honoré Fréchette
1839-1908

Poète, homme politique, fondateur de journaux et pamphlétaire (*La Voix d'un exilé* – 1868), il a fait paraître, en 1892, *Originaux et détraqués*, un recueil de contes qui obtint un immense succès populaire.

Gravure anonyme.

Affiche du 8ᵉ Festival de contes et légendes de montagne, à Albiez (France).

Affiche du Festival interculturel du conte du Québec, 2003.

Renée Robitaille, *Carnet d'une jeune conteuse*, Montréal, Planète rebelle, 2003.

Comment le mouvement a-t-il débuté ou sous quelle impulsion ? La publication, en France, de contes régionaux, qui furent en quelque sorte une retombée des travaux entrepris par les folkloristes; la réécriture, au Québec, de certains contes traditionnels; l'émergence de conteurs à la fois auteurs et interprètes; le besoin vital d'un retour aux sources... Quoi qu'il en soit, vers les années 1980-1990, on peut constater un engouement pour le type de performance que constitue le conte traditionnel.

C'est le début de ce qui sera bientôt une explosion : répondant à ce qui paraît être un irrépressible désir de récit de la part d'une population surtout urbaine, conteurs et conteuses semblent se multiplier dans la Francophonie. Ils se produisent tantôt seuls, tantôt à plusieurs, dans des lieux qui vont des maisons de la culture, au bar, au musée, au théâtre, etc.

Leur action dynamique a provoqué la création de festivals, d'abord régionaux (le Festival de Trois-Pistoles, le Festival de Sherbrooke), puis internationaux (le Festival du conte et des imaginaires de Dinant, le Festival interculturel du conte du Québec). Une institution prenait forme, du moins au Québec, avec l'organisation de stages; la tenue de tables rondes sur des sujets aussi pointus que « Le conte aujourd'hui, divertir ou subvertir »; la formation d'une association de conteurs pour « la défense et la promotion du conte »; la parution de publications variées dont le *Petit manifeste à l'usage du conteur contemporain*, de Jean-Marc Massie et le *Carnet d'une jeune conteuse*, de Renée Robitaille, qui relate sa découverte du conte au moment d'un spectacle au Sergent recruteur (un bar montréalais) et ses premiers essais comme conteuse.

Qui dit manifeste dit institution, le manifeste étant, en effet, la respiration de celle-ci, son ouverture à l'inattendu, sa remise en question, son risque. Or, le conte, en sourdine depuis plusieurs années en France comme au Québec, se trouvait pour ainsi dire sans statut. C'est le statut du conte québécois contemporain et, indirectement, du conte en général que tente de cerner Jean-Marc Massie qui déclare inévitable son actuel côté hybride, en particulier sa métamorphose en « conte spectacle ». Et il ne se trompe pas : on se trouvait soudain face à une nouvelle donne. Le conte, associé jusque-là aux loisirs familiaux et rustiques, se faisait citadin et public. Les *Contes urbains*, présentés au théâtre La Licorne par la troupe Urbi et Orbi, en sont un exemple éloquent. Le conteur s'y dédouble en auteur, responsable du texte, et comédien ou comédienne, qui joue celui-ci. Conte ou théâtre ? L'ambiguïté n'est pas sans mettre à l'épreuve une éventuelle définition du conte.

Jean-Marc Massie,
*Petit manifeste à l'usage
du conteur contemporain.
Le renouveau du conte
au Québec*, Montréal,
Planète rebelle, 2001.

Le conte-spectacle est, à l'évidence, différent du conte qui, encore au début du XXe siècle, se racontait à la veillée devant la famille élargie des parents et des amis du voisinage. Le conte-spectacle peut-il être considéré comme une sorte de développement naturel du conte, une étape dans son évolution ?

Le retour à l'oralité du conte ne signifie pas le retour absolu au conte traditionnel, anonyme par définition, et que reprenaient conteurs après conteurs devant des auditoires qui, le plus souvent, le connaissaient. Aussi était-il normal que le conte subisse des transformations. D'autant qu'une modification fondamentale s'était produite : en important le conte à la ville et surtout en l'écrivant, on venait d'ouvrir la porte à la culture savante, celle qui passe par les médias, dont le livre. Maquiller celle-ci en culture populaire, comme l'ont fait plusieurs conteurs, certains groupes et responsables de représentations, ne change rien à la réalité. La force du conte est telle qu'il sait faire face à toutes les manipulations. Son ancienneté l'autorise en effet à s'adapter aux audaces les plus risquées, étant sous-entendu que les expériences moins ou non viables se détruiront d'elles-mêmes.

Christiane Desjardins,
La Presse, 7 mai 2004.

Notons ce titre paru à la une de *La Presse* : « Le Prince charmant s'est changé en vilain crapaud ! » et qui introduisait à la mésaventure d'une dame fraudée par un prétendant. Les manifestations contemporaines qui intègrent le conte ou s'en inspirent sont-elles fréquentes ?

Dans une société, le conte est partie intégrante de la culture tant populaire que savante. Les manifestations contemporaines que l'on peut associer au conte vont de la

Les acteurs Matt Damon et Heath Ledger dans le film *Brothers Grimm*.

Photo : DR.

reproduction plus ou moins fidèle des contes de fées, dans les films de Walt Disney et de tous leurs produits dérivés, par exemple, à la simple inspiration. Dans ce dernier cas, et pour ne citer que des événements de la décennie, signalons la pièce de théâtre de Patrick Quintal, *Baba Yaga*, qui emprunte à un conte russe ; des performances multimédias comme les « Légendes fantastiques de Drummondville » ; un *Cendrillon*, dansé par les Grands Ballets canadiens ; la série cinématographique *Shrek* ; « Alice au pays des merveilles » au service de la mode dans le magazine *Vogue* ; du film *Brothers Grimm*, réalisé par Terry Gilliam, qui détourne la vie des frères Grimm pour les faire prétendre protéger des villageois de créatures maléfiques ; ou, finalement, à Paris, l'exposition du photographe Gérard Rancinan intitulée « Il était une fois », qui revoit plusieurs contes de Perrault et de Grimm, du *Chat botté* à *Blanche-Neige*, les transformant en contes érotiques et cruels.

Cendrillon, opéra de Jules Massenet

Avant d'être présentée par les danseurs des Grands Ballets canadiens, l'adaptation du conte de Charles Perrault, *Cendrillon,* avait servi de trame à l'opéra de Massenet et à plusieurs autres œuvres musicales.

Ci-contre, l'affiche de la création de *Cendrillon,* conte de fées en quatre actes, sur un livret d'Henri Cain.

> Cendrillon : « Vous êtes mon Prince Charmant, et si j'écoutais mon envie, je voudrais passer ma vie à vous complaire seulement. »
> *(Extrait de l'acte II, scène 4.)*

Cendrillon est un des personnages les plus connus de la littérature universelle. Les chercheurs ont recensé plus de cent trente versions de ses aventures. La plus ancienne est probablement celle qu'en donne Elien dans ses *Historiæ variæ (Histoires diverses)* au IIIᵉ siècle. L'auteur nous raconte comment une courtisane se fait dérober une sandale par un aigle et comment le pharaon, qui la reçut de l'aigle, fait rechercher la courtisane pour l'épouser ! Outre la version de Charles Perrault, parue en 1697 dans les *Histoires ou contes du temps passé* et qui est probablement la plus connue, l'histoire de Cendrillon a inspiré également madame d'Aulnoy et les frères Grimm. Chez les musiciens, en plus de Massenet, on trouve des opéras de Gioacchino Rossini, Wolf-Ferrari et de Leo Blech, et un ballet de Sergueï Prokofiev.

Christine Angot,
Peau d'Âne,
Paris, Stock, 2003.

Catherine Millet,
*Riquet à la houppe
Millet à la loupe,*
Paris, Stock,
2003.

Jacques Carelman,
Saroka, la géante,
Paris, Éric Losfeld, 1965.

Marc Fisher,
*L'homme qui ne pouvait
vivre sans sa fille,*
Montréal,
Libre Expression,
1999.

Plus surprenants sont les travaux d'écriture qui personnalisent le conte en se l'appropriant. Christine Angot pense à l'inceste et réécrit *Peau d'Âne* à sa manière, dans une sorte d'« allégorie autobiographique ». « À la fin du livre, le lecteur trouvera le conte original de Perrault, comme dans un jeu de miroir où les deux textes s'observent de manière monstrueuse. » Pour sa part, Catherine Millet raconte, dans *Riquet à la houppe Millet à la loupe,* son attirance pour le *Riquet à la houppe* de Charles Perrault et déclare : « imaginer ma personne en contact avec la sienne m'enlise dans une rumination lubrique » !

Bien sûr, ces exemples sont extrêmes. L'inspiration est habituellement plus subtile. Ainsi, Jacques Carelman, le créateur des célèbres « objets introuvables », a écrit et illustré avec des collages le conte *Saroka, la géante.* « La belle Jessica, aimée des tempêtes, met au monde une fille dont le temps et l'auteur font une géante. Mais Saroka terrorise les hommes et doit les fuir, à son ardent regret. Ultime refuge : la pétrification. Illusoire aussi : c'est dans la pierre qu'on sculpte de nouvelles géantes. Le conte se mord la queue », nous dit Jean Ferry, dans l'avant-propos.

L'homme qui ne pouvait vivre sans sa fille, de Marc Fisher, dont l'histoire, très actuelle – un père célibataire risque d'être privé de sa fille – n'est pas sans rappeler les situations inquiétantes de plusieurs contes : la fille finit par s'incorporer à son père qui la porte. Une sorte de grossesse inversée...

Que révèlent ces diverses façons du conte ?

Les intérêts et les préoccupations des civilisations qui produisent des contes s'y retrouvent. Autrement, comment expliquer tels *Contes à faire rougir les petits chaperons* et tels autres, présentés aux lecteurs d'aujourd'hui sous le titre *Politiquement correct*? On le sait, l'érotisme et la rectitude politique sont au goût du jour... Mais encore? Se pourrait-il que ces diverses manières démontrent l'existence en chacun de nous d'une sorte d'Idée-conte...

Jean-Pierre Enard, *Contes à faire rougir les petits chaperons*, Paris, Ramsay, 1987, coll. « Folio », 1989.

Le concept d'Idée-conte transcenderait toutes les actualisations, toutes les manipulations et nous rendrait capables de reconnaître le conte, quelque visage qu'il emprunte. Ne sommes-nous pas nourris par lui depuis la nuit des temps?

Aussi loin qu'il est possible de remonter dans le temps, nous sommes habités par le conte et le conte est habité par nous. Rien d'étonnant alors à ce qu'il soit perçu, reconnu, par les uns et les autres, comme une forme spéciale de récit, mieux comme une forme naturelle en quelque sorte et qui appartient à tous.

James Finn Garner, *Politiquement correct*, Paris, Bernard Grasset, 1994.

Cette Idée-conte s'appuie sur une connaissance intuitive du conte, connaissance variable selon l'âge, le milieu, le point de vue, l'époque. Les quelques adultes et enfants à qui, pour les besoins de cet ouvrage, on a demandé quelle était leur définition du conte, ont toujours réussi à le cerner, ne serait-ce que partiellement, en ne retenant qu'une ou quelques-unes de ses caractéristiques.

Ainsi plusieurs le relient spontanément à l'enfance, ou le voient d'abord comme destiné aux enfants :

«Pour moi, c'est une histoire inventée dans un monde irréel et destinée à être racontée à de jeunes enfants, même si parfois les plus vieux en sont captivés.»

Josée, 50 ans

D'autres personnes se sont prêtées au jeu de l'Idée-conte... On trouvera leur définition, en encadré, au fil des pages de cet ouvrage.

«Histoire que tu racontes à des enfants, histoire vraie ou inventée ou entendue (ou éditée ou lue), histoire qui calme.»

Paulette-Michèle, 59 ans

«Un conte est pour moi avant tout un récit qui s'adresse à l'enfant qui est en nous et dans lequel le réel et l'imaginaire se côtoient à merveille pour porter une bonne nouvelle.»

Jean-Pierre, 67 ans

D'autres installent d'emblée le conte dans l'imaginaire, en insistant sur la portée de celui-ci :

«Une histoire qui laisse place à l'imaginaire, qui l'interpelle.»

François, 48 ans

Idée-conte

«Une histoire imaginaire qui est racontée oralement.»

Gioia, 9 ans

«Une histoire qui contient suffisamment d'éléments réels pour qu'on soit tenté d'y croire et suffisamment d'éléments imaginaires pour que l'on mette en doute son effet de réalité.»

Michel, 49 ans

Quant à la morale, dont on sait qu'elle est une constante plus ou moins évidente du conte, elle n'est pas oubliée :

«Histoire imaginaire qui soutient, veut faire passer des messages, une morale.»

Nicolas, 35 ans

«Histoire fictive, triste ou très heureuse, où il y a toujours une morale.»

Christiane, 47 ans

«Une représentation fantaisiste du quotidien accompagnée de sous-entendus moralistes.»

Julie, 29 ans

Le Petit Chaperon rouge
L'une des trois illustrations que Gustave Doré a consacrées au Petit Chaperon rouge, et l'une parmi les quarante que l'artiste a dessinées pour l'édition des contes de Charles Perrault, chez l'éditeur Hetzel, en 1862.

L'idée que l'on peut se faire du conte est bien réelle et c'est cette Idée-conte qui déclenche le désir d'entendre un conte à peine prononcé le classique « Il était une fois » ou son équivalent. C'est cette Idée-conte qui permet à la plupart de distinguer le conte des récits qui lui ressemblent.

L'Idée-conte est si bien répandue qu'une auteure de polars comme Fred Vargas peut non seulement fonder l'un de ses romans sur un conte connu – le loup-garou – mais encore jouer avec le rituel du conte :

Le Petit Chaperon rouge

Le conte de Perrault n'a pas inspiré que des illustrateurs.

La galette et le pot de beurre que le Petit Chaperon rouge apporte à sa mère-grand sont bien en évidence dans cette huile d'Albert Anker (1883).

« Le Petit Chaperon rouge » a été publié, pour la première fois en 1697, dans *Les Contes de ma mère l'Oye*.

« Au début du monde, commença Soliman, l'homme avait trois yeux.

— Merde, dit le Veilleux. Nous assomme pas avec tes histoires. Tiens-toi tranquille.

— Il voyait tout, continua Soliman, imperturbable. Il voyait très loin, très clair, il voyait la nuit, et il voyait les couleurs qui sont en dessous du rouge et par dessus le violet. Mais il ne voyait rien dans les pensées de sa femme, et cela rendait l'homme très mélancolique, et parfois fou. Alors l'homme alla supplier le dieu du marais. Celui-ci le mit en garde mais l'homme le supplia tant que le dieu, lassé, accéda à son désir. De ce jour, l'homme n'eut plus que deux yeux et vit dans les pensées de sa femme. Et ce qu'il y découvrit l'étonna tellement qu'il n'y vit plus clair dans le reste de l'univers. C'est pour cela que, aujourd'hui, les hommes voient mal.

« Camille se retourna vers Soliman, un peu déconcertée.

— Il les invente, dit le Veilleux d'un ton hostile et bas. Il invente des foutues histoires africaines pour expliquer le monde. Et ça explique rien du tout.

— On sait jamais, dit Camille*. »

* Fred Vargas,
L'Homme à l'envers,
Paris, éditions Viviane
Hamy, 1999.

« Pour que l'événement le plus banal devienne une aventure, assure Jean-Paul Sartre, il faut et il suffit qu'on se mette à le raconter. » Raconter serait-il alors le secret du conte ? La recette de sa magie ?

** Jean-Paul Sartre,
La Nausée,
Paris, Gallimard, 1938.

Raconter est le secret de tout texte narratif, de tout récit, comme le rappelle en se jouant un Yann Martel :

Pi Patel : « Alors, vous n'avez pas aimé mon histoire ? »

M. Okamoto : « Au contraire, nous l'avons beaucoup aimée. N'est-ce pas, Atsuro ? Nous allons nous en souvenir longtemps. »

M. Chiba : « Sûrement. »

[Silence]

M. Okamoto : « Mais aux fins de notre enquête, nous aimerions savoir ce qui s'est réellement passé.

— Ce qui s'est réellement passé ?

— Oui.

— Alors vous voulez une autre histoire ?

— Heuu... non. Nous voudrions savoir ce qui s'est réellement passé.

— Est-ce qu'un récit ne devient pas forcément une histoire ?

— Heuu... en anglais, peut-être. En japonais, une histoire inclurait un élément *inventé*. Nous ne voulons aucune invention. Nous voulons nous en tenir aux faits, *the straight facts,* comme on dit en anglais.

— Est-ce que le recours aux mots pour raconter quelque chose – que ce soit en anglais ou en japonais – ce n'est pas déjà une sorte d'invention ? Est-ce que le fait de regarder ce monde n'est pas déjà un peu une invention* ? »

* Yann Martel, *L'Histoire de Pi,* traduit de l'anglais par Nicole et Émile Martel, Montréal, XYZ éditeur, 2003.

Encore faut-il savoir comment raconter, sans quoi le conte n'existe pas.

Un petit conte, emprunté aux *Contes des sages du ghetto* et intitulé justement « Savoir raconter », nous servira mieux pour l'apprendre, que la plus savante des explications :

« Un jour qu'on demandait à un rabbin, dont le grand-père avait été le disciple de Baal Schem Tov, maître spirituel et fondateur du hassidisme, de raconter une histoire, il dit : Une histoire doit être racontée de telle sorte qu'elle agisse et soit une aide en elle-même.

« Puis il raconta l'histoire suivante :

« Mon grand-père était jadis paralysé. On lui avait un jour demandé de raconter une histoire à propos de son Maître. Il relata alors comment le Baal Schem Tov, lorsqu'il priait, se mettait à sautiller et à danser sur place. Et, pour illustrer son propos, mon grand-père se mit debout et continua de raconter tout en sautillant et dansant. À partir de ce moment-là, il fut guéri. Eh bien, c'est de cette manière qu'il faut savoir raconter* ! »

* *Contes des sages du ghetto*, textes rassemblés par Henri Gougaud, Paris, Seuil, 2003.

Le conte que l'on vient de lire ressemble plus à un *exemplum* médiéval ou à une parabole biblique qu'au conte tel que, d'instinct, on l'imagine. Et pourtant, il s'agit bien d'un conte. Pourquoi ?

L'histoire de « Savoir raconter » est réduite au minimum. Tout au plus sert-elle à illustrer le propos du sage – « Une histoire doit être racontée de telle sorte qu'elle agisse et soit une aide en elle-même. » N'était-ce pas le fait de l'*exemplum* dont le rôle se résumait à enseigner la morale par le récit ? Rôle qui était aussi celui de la **parabole**, plus allégorique toutefois. Alors pourquoi « Savoir raconter » est-il présenté comme un conte ?

Parce qu'il se distingue de l'*exemplum* et de la parabole, parce qu'il privilégie la parole et le lien que celle-ci établit entre un conteur et un auditoire. C'est d'ailleurs ce qui le différencie aussi de la fable, à laquelle on pourrait être tenté de le rattacher. « Savoir raconter » est même un conte gigogne. Un conteur – un rabbin – mis en scène par le narrateur, raconte à un auditoire – le « on » qui l'en a prié – comment un autre conteur – le grand-père – racontait. Son sujet ? L'art de raconter doublé d'un résultat étonnant : le grand-père est guéri. Alors que le premier « Un jour... », typique du conte, déclenchait l'action de raconter, le second amorce la démonstration du pouvoir du conte.

Exemplum

Récit exemplaire qui remonte au Moyen Âge, l'*exemplum* était destiné à un auditoire ciblé – femmes, marins, soldats... – et servait de pense-bête aux prédicateurs du temps pour enseigner la morale. Cette forme a persisté au Québec jusqu'au début du XXe siècle, alors qu'elle est utilisée surtout dans le cadre d'un mouvement anti-alcool appelé Tempérance. Il s'agissait, par une histoire tragique et des descriptions saisissantes, de démontrer les malheurs personnels et familiaux entraînés par l'alcool, et donc de dissuader d'en faire usage.

Parabole

Nom féminin (du grec *parabolé*, comparaison). Court récit allégorique chargé d'un enseignement moral ou religieux qui reste implicite. Parler par paraboles, d'une manière voilée ou obscure.

On est loin de la simple description par *exemplum* ou parabole des effets de telle ou telle vertu, de tel ou tel vice. Il ne s'agit ni d'encourager ni de décourager par l'exemple. La parole du conte s'est faite action ; elle a changé les choses. Or, ce pouvoir de la parole est typique du conte.

Le conte se rapproche d'une autre forme narrative brève, très ancienne, mais moins connue du monde occidental que l'*exemplum* ou la parabole : la ruse, *hila*, en arabe. En quoi consiste-t-elle ?

Qui, en Occident, ne connaît pas le Jugement de Salomon ? Le récit, d'origine orientale, nous est parvenu il y a très longtemps par le biais de l'enseignement religieux. En fait, il s'agit d'une ruse *(hila)*, c'est-à-dire d'une leçon de stratégie politique arabe. Leçon éminemment pratique qui, contrairement à l'*exemplum*, fait l'économie de toute théorie.

Rappelons-en l'histoire : Salomon doit juger à qui appartient l'enfant dont deux femmes se prétendent la mère. Il propose de séparer l'enfant en deux et ainsi de satisfaire l'une et l'autre. L'une d'elles proteste aussitôt et se dit prête à céder l'enfant. «C'est elle, la mère», de décréter alors Salomon, en le lui remettant.

La ruse est une forme de sagesse. L'origine du terme ruse *(hila)* – une invention destinée à faciliter la vie d'un savant ou d'un artisan – explique le concept de moyen qui lui est inhérent. Choisir le meilleur moyen pour atteindre la fin poursuivie, c'est être sage... et habile. Pour nous en convaincre, lisons cette autre ruse impliquant également Salomon :

Le Jugement de Salomon

«Le Jugement de Salomon» est l'une des cinquante scènes en vitrail de la cathédrale de Joliette (Québec), réalisées en 1912 par Henri Perdriau, ancien maître-verrier, à Reims (France).

Source : www.connexion-lanaudiere.qc.ca/

Salomon et les oies

«Un homme vint trouver Salomon – que le salut soit sur lui – et lui dit :

— Ô Prophète de Dieu, j'ai des voisins qui me volent mes oies, et je ne sais pas lesquels.

«Salomon lança l'appel à la prière publique. Puis, devant tous les gens assemblés, il prononça un sermon, et dit à la fin de son discours :

— Je trouve, parmi vous, quelqu'un qui vole les oies de son voisin puis entre dans l'oratoire pour prier avec les plumes de ces animaux sur la tête.

« À ce moment, un des assistants [se] passa la main sur la tête. Salomon dit alors au propriétaire des oies :

— Voici ton voleur.

« Puis il obligea celui-ci à payer le prix des oies volées*. »

Le Livre des ruses. La stratégie politique des Arabes, traduction intégrale d'après les manuscrits originaires, par René Khawam, Paris, Phébus, 1976.

On le voit, la ruse n'est pas un conte, mais pourrait facilement le devenir si un bon conteur s'en emparait et lui prêtait vie...

Lorsque très bref et poétique, le conte se confond parfois avec le poème ; l'inverse se produit également. Que penser des textes suivants, qui défient les frontières du conte ?

Le poète et graveur Roland Giguère ne se doutait pas qu'il écrivait un conte en rédigeant le petit poème qui suit :

Il vécut vingt ans avec une paille dans l'œil
puis un jour il se coucha
et devint un vaste champ de blé**

** Roland Giguère, *L'Âge de la parole*, Montréal, l'Hexagone, 1965.

Et le court conte de Gilles Vigneault :

Le roi

« Lorsqu'il ne resta plus qu'un seul roi dans le monde, on eut grand peur qu'il ne voulût dominer la terre et pour protéger l'idée de république universelle, on l'assassina. Mais c'était pure politique et on le lui prouva, sitôt mort, par des obsèques internationales. Partout dans le monde ce furent des cortèges avec landaus, bannières, cloches et cantiques. La messe dite, chacun s'en retourna chez soi, avec sa petite idée derrière la tête, en criant : ‹ Vive les républiques ›.

« Au même moment, derrière un vieux hangar, des enfants jouaient à se réunir en conseil pour désigner le successeur au trône*. »

* Gilles Vigneault, « Le roi », dans les *Contes sur la pointe des pieds*, Québec, éditions de l'Arc, 1960.

Nous avons là deux textes à la frontière poème-conte. Les trois vers de Roland Giguère contiennent tout un monde. Sorte de développement subversif d'un proverbe connu – ce qui déjà le rapproche du conte – il se déroule comme une histoire. Tout y est : le temps du verbe – le passé simple, temps classique du récit – le « un jour », déclencheur de l'action, celle-ci, à la limite du non-événement (« se coucher ») provoquant le changement de la « paille » au « champ de blé ». De la paille, résidu inerte du blé, à la générosité du futur que suppose un champ de blé, « vaste » de surcroît, de la mort à la vie.

Et qui est ce « Il » mystérieux qui élargit la portée du changement survenu ? À la fois unique et universel, il grandit dans la très belle image du vaste champ de blé que l'on imagine doré et en mouvement comme la mer. Conte ou poème ? Peu importe. Ces quelques vers mettent le lecteur, la lectrice, en joie. N'est-ce pas ce qui compte ?

Idée-conte

> *Pour moi, un conte, c'est une merveilleuse histoire où la magie s'installe, une histoire remplie de joie, de peine, d'incertitude, avec une fin heureuse où le bien différencie le mal.*
>
> *Judith, 45 ans*

« Le roi », de Gilles Vigneault, fait partie de ces contes qui s'annoncent discrets, à peine racontés. La force de sa leçon réside dans la disproportion de ses deux parties, une longue, de dix lignes, et une brève, de trois lignes, cette dernière remettant en question la première, après un silence significatif. Rien n'est jamais assuré, dit-il à sa façon, et tout est toujours à recommencer. D'où les enfants, avenir de la société, et le lieu modeste de leurs jeux, opposés aux fastes des « cortèges avec landaus, bannières, cloches et cantiques » organisés par les élites, dans l'hypocrisie de l'assassinat initial. Un conte, peut-être, mais qui se prolonge en écho, un peu comme le fait le poème.

Quand on fait référence au conte, la plupart du temps, c'est au conte traditionnel que l'on pense. Que faut-il entendre par conte traditionnel ?

On appelle communément conte traditionnel tout conte transmis oralement de génération en génération dans une société donnée dont il est en quelque sorte l'imaginaire collectif et parfois la mémoire.

Récit en prose d'événements fictifs, ponctué à l'occasion de refrains chantés (en Haïti) ou de musique (en Afrique), le conte traditionnel ne se limite pas au **conte merveilleux**, comme on le croit souvent. Le catalogue Delarue-Ténèze le démontre clairement, qui propose une classification du conte français. Il y aurait les contes proprement dits (les contes merveilleux, les contes réalistes, les contes religieux et les histoires d'ogres stupides), les contes d'animaux, les contes facétieux et les contes énumératifs.

Cette classification discutable et toujours discutée est cependant efficace, ne serait-ce que parce qu'elle offre aux

Le conte merveilleux

« Le conte merveilleux, si important dans la tradition orale, est beaucoup moins fréquent en littérature, sans doute parce que le surnaturel y prend d'autres formes et s'y fait plutôt fantastique, ou onirique, ou bien surréel selon les époques à moins qu'il ne tourne à la facétie. Le conte merveilleux populaire est entièrement sous le signe de la fictivité. Il suppose un « jeu » de la part de l'auditeur, qui peut sans trouble aucun feindre de prêter foi aux événements narrés, parce que le conte, sécrétant son espace, son temps, ses personnages propres, est entièrement coupé de la réalité – qu'il ne peut donc menacer. Loin d'être une marque de la crédulité populaire, il témoigne d'une grande sophistication. [...] »

*Dictionnaire
des littératures
de langue française,*
Paris, Bordas, 1987.

chercheurs des concepts, un vocabulaire et un système de codage communs permettant des échanges fructueux. Le catalogue Delarue-Ténèze, qui s'appuie sur le catalogue international Aarne-Thompson, intègre des contes canadiens de langue française, tenant ainsi compte des travaux de Marius Barbeau, de Luc Lacourcière, de Carmen Roy, de Germain Lemieux et d'autres.

Antti Aarne et Stith Thompson, *The Types of Folktale*, Helsinki, FFC, 1928, 1961, 1973 (troisième édition). Chaque édition a été considérablement augmentée.

Paul Delarue *Le Conte populaire français. Catalogue raisonné des versions de France et des pays de langue française d'outre-mer, vol. 1 : Contes merveilleux ;*

Paul Delarue et Marie-Louise Ténèze, *ibid., vol. 2 : Contes merveilleux (suite) ;*

Marie-Louise Ténèze, *ibid., vol. 3 : Contes d'animaux ;*

Marie-Louise Ténèze, *ibid., vol. 4 : Contes facétieux ;*

Paris, Maisonneuve et Larose, 1976-1985.

Une typologie des contes

(selon la classification de Aarne-Thompson)

- Les contes d'animaux ayant pour héros des animaux doués de parole et se comportant comme des humains. La trame générale de ces contes oppose deux animaux : le plus faible, intelligent et rusé, joue des tours pendables au plus fort, stupide et crédule.

- Les contes facétieux. On se moque des niais que leur sottise entraîne dans toutes sortes de malentendus.

- Les contes merveilleux. Leur ressort est l'intervention du surnaturel, de l'inexplicable dans les aventures des héros. Ils sont fréquemment bâtis sur un scénario en forme de quête : le héros ou l'héroïne part à la recherche d'un objet difficile à obtenir. Le but du voyage est souvent la délivrance d'une princesse enlevée par un méchant. Des personnages (fées, lutins...) les aident à accomplir les épreuves et à triompher des obstacles.

Détournement de contes de fées

Blanche-Neige, productrice de camembert !
(France, vers 1950.)

Les frères Jacob et Wilhelm Grimm

Savants et écrivains allemands, ils ont joué un rôle capital dans le domaine de la linguistique germanique.

C'est au début du XIXe siècle, en Allemagne, grâce au travail des frères Jacob et Wilhelm Grimm, qu'un intérêt scientifique pour le conte oral populaire s'est développé. La publication, à Berlin, de 1812 à 1815, de cent cinquante-six des contes qu'ils avaient recueillis auprès de conteurs en exercice, devait déclencher des collectes du même type en Russie, en Norvège, en France, en Écosse...

Un nouveau champ de recherche venait de s'ouvrir. Mais encore fallait-il en rendre la collecte plus sûre et plus systématique, les frères Grimm s'étant contentés de relever le conte lui-même sans en indiquer la source – nom du conteur, date et lieu de la collecte – ni donner aucune description de l'acte de conter. Aussi la méthode devait-elle se préciser tout au long du siècle. Ces précisions étaient d'autant plus nécessaires qu'on découvrait que plusieurs contes se retrouvaient, semblables ou presque, dans des pays très éloignés les uns des autres.

Auteurs, adaptateurs et transcripteurs des contes populaires européens

Les contes populaires européens ont commencé à être transcrits, adaptés et publiés à la fin du XVIIe siècle. Les principaux propagateurs du conte furent Charles Perrault (1628-1703), en France, les frères Jacob (1785-1863) et Wilhelm (1786-1859) Grimm, en Allemagne, Alexandre Nikolaïévitch Afanassiev (1826-1871), en Russie et, au XXe siècle, Italo Calvino (1923-1985), en Italie. Des auteurs (Galland, Hoffmann, Maupassant, Daudet) ont aussi rédigé et publié de nombreux contes mais, certains, comme Hans Christian Andersen (1805-1875), au Danemark, et les frères Grimm, en ont obtenu de remarquables succès de librairie. En fait, les *Kinder-und Hausmärchen (Contes pour les enfants et les parents),* de ces derniers, est l'ouvrage allemand le plus lu, le plus vendu et le plus traduit dans le monde.

On nomme variantes les modifications qu'un conteur fait subir à un conte traditionnel. En quoi consistent ces variantes qui aboutissent à des versions différentes d'un même conte-type?

D'abord rappelons qu'un conte-type est la structure de base d'une histoire qui peut prendre diverses formes. Les cinq versions québécoises* du diable beau danseur, réunies sous le titre de «Rose Latulipe», nous faciliteront la compréhension du phénomène conte-type/variantes/versions, le conte-type étant ici l'histoire d'une jeune fille envoûtée par le diable; les «versions», cinq contes différents mais qui se ressemblent; les «variantes», les modifications d'un conte à l'autre. Précisons que le conteur est toujours libre par rapport au récit qu'il reprend de mémoire, d'un livre ou, le plus souvent, d'un autre conteur. Il peut changer les motifs, c'est-à-dire les épisodes, les déplacer, en retirer ou en ajouter, modifier certains détails, raccourcir ou rallonger. Rien n'échappe à son empreinte, pas même le titre.

Ainsi, quatre des titres des cinq versions dont nous disposons mettent l'accent sur le diable – «Le Diable beau danseur», «La Légende du Monsieur en habit noir», «Le Diable au bal», «L'Étranger». Un seul, «Rose Latulipe», met l'accent sur l'héroïne du conte. Sans doute parce que l'évocation du diable est plus créatrice d'atmosphère que celle de sa victime, une jeune fille un peu naïve...

Voici le «résumé» de ce conte, tel que nous le donne Pierre-Georges Roy :

* Jeanne Demers et Lise Gauvin, textes rassemblés dans «Conte parlé / Conte écrit», *Études françaises*, Montréal, P.U.M., avril 1976.

Le Conteur, dessin d'Edmond-J. Massicotte, vers 1900.

33

La légende du Monsieur en habit noir

«Sainte-Luce, située à une couple de lieues en bas de Rimouski, est le pays par excellence des légendes. C'est au second rang de Sainte-Luce, dans une veillée qui avait réuni la plupart des jeunes gens de la paroisse, que j'ai entendu raconter la légende du monsieur en habit noir. Je la résume.

«Flore était la plus jolie fille de Sainte-Luce. D'humeur gaie, elle aimait à réunir les jeunes gens et les jeunes filles du rang où elle habitait. Elle était fréquentée par un jeune cultivateur à l'aise, possesseur d'un des plus beaux biens du bord de l'eau. Les noces, d'après ceux qui prétendaient bien le connaître, devaient avoir lieu tout de suite après la récolte.

Les Danseurs,
vers 1900.

Dessin de
Georges Delfosse
(1869-1939),
peintre, portraitiste,
muraliste et dessinateur
québécois.

«Flore, un beau dimanche soir, avait invité tous ses amis à une soirée où on se promettait beaucoup de plaisir. La température était belle et les veilleux étaient assis sur l'herbe, tout près de la maison, en attendant le violoneux qui devait accompagner la danse. Celui-ci arriva enfin avec un jeune homme, habillé de drap noir des pieds à la tête. Il fut présenté à la compagnie comme un étranger de passage dans la paroisse et désireux de connaître de charmantes jeunes filles.

«Les présentations terminées, on entra dans la maison et la danse s'organisa. L'étranger était si beau, si bien vêtu, sa conversation était si agréable, ses compliments tournés si habilement, que toutes les jeunes filles en raffolèrent bientôt. On remarqua bien qu'il gardait continuellement son chapeau et restait ganté mais on passa sur ce détail.

Le jeune homme était des paroisses d'en haut et cette mode pouvait fort bien exister chez lui.

«L'étranger fit surtout la cour à Flore, la fille de la maison. Il dansa avec elle à peu près tout le temps. Celle-ci, avec une légèreté inconcevable, fit comme on dit là-bas, manger de l'avoine à son fiancé toute la soirée. Elle n'avait de sourires et d'amabilités que pour son ami de passage. La remarque en fut faite à plusieurs reprises pendant la soirée par les jeunes filles laissées de côté par le danseur étranger, et toutes blâmaient la légèreté de Flore qui humiliait ainsi son fiancé pour un oiseau de passage qu'elle ne reverrait peut-être jamais.

«Mais la soirée se termina de façon tragique. Tout à coup, vers les minuit, au milieu d'une danse entraînante qui devait être la dernière, on vit le bel étranger saisir sa partenaire par les épaules et sauter par la fenêtre, qui était à quelques pieds du sol. Cette scène s'est déroulée avec la rapidité de l'éclair. Le départ de l'étranger avait cependant répandu dans toute la maison une forte odeur de soufre ou de brûlé. Le premier moment de stupeur passé, tous les veilleux se précipitèrent à la suite du couple afin de ramener la jeune fille à sa famille, mais le couple disparut dans l'obscurité. On comprit alors que ce monsieur en habit noir était tout simplement Béelzébuth. Il n'avait pas ôté son chapeau pour cacher

> *Miracle de l'imagination, prétexte à des moments uniques de plaisirs partagés où les parents et les enfants peuvent jouer à faire comme si.*
>
> *Michel, 35 ans*

ses cornes et il avait gardé ses gants pour dissi-
muler ses griffes.

« Depuis, on n'entendit plus jamais parler de
Flore. Où alla-t-elle avec son étrange cavalier?
Nul ne le sut. Le fiancé du bord de l'eau lui reste-
ra fidèle pendant une année, puis, comme il
n'avait pas de nouvelles, il s'engagea dans de
nouveaux liens*. »

On le voit, ce texte est bien un résumé, même si sa
longueur n'est guère moindre que la version – « Le Diable
beau danseur » – due à une conteuse en exercice et reprise
par le folkloriste Jean du Berger. Pierre-Georges Roy agit ici
en informateur, non comme conteur. Il le reconnaît
d'ailleurs d'entrée de jeu et de nouveau, en finale, quand
il précise que la légende, originaire de Normandie ou de
Bretagne, « a aussi couru à l'île d'Orléans » où « elle a subi
[...] de son séjour avec les sorciers de l'île, certaines varia-
tions importantes ».

Ce qui ne l'empêche pas d'imaginer un auditoire
auquel il fait le clin d'œil suivant :

« Jeunes gens qui me lisez, si vous voulez être invités à veiller avec les jeunes filles de Sainte-Luce,
ne manquez pas d'ôter vos chapeaux et d'enle-
ver vos gants. N'oubliez pas, non plus, d'emporter
vos papiers d'identification. Il y a bien cent ans
que la pauvre Flore est disparue, mais sa triste
aventure n'est pas oubliée dans la paroisse et
aucune jeune fille ne voudrait s'exposer à subir
le même sort qu'elle, en dansant avec un étranger
inconnu**. »

Revenons aux variantes de nos cinq versions. Le lieu
d'abord : l'événement n'est situé que deux fois à « Sainte-

Luce en bas de Rimouski» ou aux «bords du Saint-Laurent». La jeune fille se nomme Flore, Corinne, Rose Latulipe, Marguerite ou tout simplement «la fille». Elle est toujours plus ou moins légère. On est jour de Mardi gras dans deux cas – donc en danger de «danser sur le mercredi des cendres» – un dimanche, un soir d'octobre ou une journée de semaine dans les autres versions.

Pour faire plus vrai, Philippe Aubert de Gaspé (fils)* met l'histoire de Rose Latulipe dans la bouche d'un conteur-personnage, soit le père qui s'inquiète pour sa fille sortie s'amuser en compagnie d'un ami. L'auditoire est constitué d'un visiteur de passage.

* « L'Étranger », dans Philippe Aubert de Gaspé (fils), *L'Influence d'un livre*, Québec, W. Cowan et fils, 1837.

Certains détails n'appartiennent qu'à une seule version : la précision, par exemple, que la belle Corinne ait séjourné aux États-Unis, terre de perdition comme l'on sait, qui l'avait rendue «coquette, aimant le plaisir, les belles toilettes, les amoureux, et oubliant Dieu».

Le portrait du diable, appelé tantôt «démon», «Lucifer», «acolyte de Lucifer», tantôt «Satan», «suppôt de Satan», «Béelzébuth» et même «Méphistophélès», est plus stable. Il est toujours beau, élégant, tout de noir vêtu. Il conserve en dansant ses gants et son «chapeau», «casque» ou «bonnet de fourrure». Les yeux de son cheval, noir

La Veillée d'autrefois d'Edmond-J. Massicotte, 1915.

Collection du Musée du Québec.

Le Diable beau danseur (détail), tableau de Rémi Clark reproduit dans *De Ker-is à Québec, Légendes de France et de Nouvelle-France*, Québec, La Galerie du Chien d'or, 1990.

comme il se doit, lancent des flammes. Dans un cas, la neige fond même sous lui.

Au conteur le plaisir de jouer de l'exagération. A. de Haerne ne s'en prive pas dans « Le Diable au bal » :

> « Le cavalier étranger, posant sa main sur la main de la belle Corinne, et élevant de l'autre son verre débordant de la liqueur d'or :
>
> — À la santé de Béelzébuth notre roi et maître qui, par ma voix, vous convie à ses joyeuses saturnales, s'écria-t-il.
>
> « Ses yeux lancèrent deux gerbes de feu; une flamme bleue et sinistre jaillit de son verre. Ses lèvres enflammées se posèrent sur la bouche de la belle Corinne, sa main brûla celle de la jeune fille, et au fracas horrible de coups de tonnerre formidables, de cris et de hurlements perçants, du grincement du cuivre et de l'acier, le suppôt de Satan disparut sous terre dans un tourbillon de flammes et de fumée.
>
> « Affolés, tous s'enfuirent en se signant.

« Le lendemain, Corinne avait vieilli de cinquante ans, ses cheveux étaient blancs, ses traits étaient flétris ; sur ses lèvres superbes et roses, où la veille encore s'épanouissait un sourire tentateur, s'étalait une cicatrice de brûlure mal guérie, un cercle, trace du dernier baiser de Satan. L'empreinte noire des cinq griffes du diable brûlait sa main, dont hier encore elle était si orgueilleuse. Ses beaux yeux, qui avaient fait battre plus vite tant de jeunes cœurs, étaient fixes et hagards, et disaient la triste réalité : elle était folle*. »

* A. de Haerne,
Les Nouvelles Soirées canadiennes, vol. V,
Montréal, S.N.É.,1886.

Les fins des cinq versions sont toutes tragiques, sauf une, « la fille » ayant « reconnu qu'était pas bonne ». Flore, on l'a vu, disparaît « nul ne sait où » ; Corinne, devenue folle, meurt ; Rose Latulipe également, après un séjour de trois ans au couvent. Une seule fin, plus ludique que les autres, reste ouverte à plusieurs interprétations :

« Rose, paraît-il, survécut à cette étrange expérience. Certaines versions disent qu'elle se fit religieuse, d'autres qu'elle épousa son fiancé et eut beaucoup d'enfants, d'autres enfin qu'elle resta vieille fille. Laquelle de ses punitions, croyez-vous, put être la moindre... ou la pire ?** »

** Claude Aubry,
Le Violon magique et autres légendes du Canada français,
Ottawa, Les Deux Rives, 1966.

Un conte a pour définition de forger la morale et d'inculquer des valeurs chez les enfants en faisant appel à des personnages et des lieux fantaisistes qui frappent l'imaginaire pour le reste de la vie.

Carole, 49 ans

Pour comprendre l'origine et la mouvance des contes, il fallait aux folkloristes commencer par disposer de textes sûrs grâce à un protocole de transcription. Mais qu'est-ce que la transcription ? Et quelles en sont les limites ?

La transcription est le transfert sur papier de contes oraux relevés grâce au magnétophone ou au magnétoscope, idéalement auprès de conteurs en exercice, la plupart du temps, hélas, auprès de conteurs informateurs. Il y a donc passage à l'écrit, et non à l'écriture, précisons-le, le but poursuivi par la transcription n'étant pas d'offrir au lecteur un texte fini, poli, soigné, littéraire, mais de retenir le plus d'éléments significatifs possibles qui permettront à des chercheurs d'analyser l'histoire en question et de la situer dans un ensemble culturel.

La transcription se heurte à plusieurs difficultés. La première est liée au fait que, sauf exception, le conteur approché par l'ethnologue est privé d'un véritable auditoire. Il fera de son mieux appel à sa mémoire pour restituer le conte annoncé. Manqueront toujours toutefois les effets spéciaux de toutes sortes que lui aurait suggérés l'enthousiasme d'un auditoire. Aussi le récit obtenu s'en trouve-t-il souvent rapetissé, ramené à l'essentiel des péripéties. Et, du coup, privé de ce qui fait le conte : le plaisir partagé de jouer avec l'imaginaire grâce à la parole.

L'usage du magnétoscope a, au fil du temps, enrichi la collecte, de la gestuelle, de la mimique, de l'intonation. Or celles-ci, pourtant parties prenantes de la performance, ne sont pas, à moins d'être codées (ce qui a déjà été tenté), rendues par la transcription : une autre lacune pour le conte. Cela dit, pourrait-on se passer de la transcription ? Non, évidemment. Elle est un pis-aller dont sont bien conscients ceux qui l'utilisent. C'est d'ailleurs ce qui explique que, la plupart du temps, dans une deuxième étape, ils retouchent les contes recueillis afin de pouvoir les transmettre.

La collecte de contes traditionnels débouche nécessairement sur la transcription, soit le passage à l'écrit par simple reproduction, puis par une forme ou une autre de réécriture. Peut-on donner un exemple de la double étape de la transcription ?

Voici le début d'un conte franco-ontarien dû aux travaux de l'équipe de Germain Lemieux. Intitulé *Jean Peau-de-morue*, ce conte a été recueilli, en 1953, à Sturgeon Falls. Le conteur, Théodule Miville, quatre-vingt-un ans, dit l'avoir appris d'un monsieur Lemay, à Manchester, New Hampshire, alors que les deux hommes travaillaient à la voie ferrée. Le mystère de la transmission du conte, touché du doigt !

Germain Lemieux, *Les vieux m'ont conté,* tome 1, « Contes franco-ontariens », Montréal et Paris, Bellarmin / Maisonneuve et Larose, 1973.

Voyons d'abord la transcription :

Enn'fois' c'est bon d'vous dir' qu'c'était un roi. D'abord lés cont's commenc'nt té'jours par « un roi ». Ce roi-là avait deux garçons p'is trois fille'. Alors, i'l'a envoyé' à l'école, au collége, au couvent... Final'ment, un jour, i'y un'fill' qu'a disparu ; i's l'app'laient la princess' Cécil', c'tte elle'-là. Bon ! Mé' dans c'temps-là, c'était la mod', quand i'étaient disparus, ça sarvè' à r'guien d'és charcher ; c'était fini ! Ça fait que, à fallu, là, rester tranquille.

Une histoire d'autrefois qui s'écoute au lieu de se lire, souvent racontée par nos parents au moment de nous endormir.

Constance, 14 ans

Puis la réécriture :

> «Les contes commencent presque toujours par
> "Un roi..." » Donc, une fois c'était un roi qui avait
> deux garçons et trois filles. Il les envoya à l'école,
> puis les garçons fréquentèrent le collège et les
> filles, le couvent.
>
> «Un jour, la plus jeune des filles, la princesse
> Cécile, fut enlevée subitement.
>
> «En ce temps-là, quand quelqu'un disparaissait,
> c'était inutile de le chercher. Il a donc fallu se
> borner à pleurer la disparition de la jeune prin-
> cesse. »

La transcription est loin de reproduire la réalité du conte oral. Tout au plus est-elle l'équivalent d'un verbatim. Quant à la réécriture proposée, est-elle heureuse? Le texte qui en résulte soutient-il la comparaison avec un conte littéraire?

Le conte oral transcrit ne fait sens que s'il est lu à haute voix. N'est-ce pas révélateur? Lire un tel conte à haute voix, c'est le réactiver, le réanimer, c'est utiliser le verbatim comme s'il s'agissait d'une sorte de scénario. C'est faire appel aux diverses intonations de la langue, s'appuyer sur la gestuelle, jouer des silences jusqu'à faire languir son auditoire – et mesurer ainsi qu'on l'a bien en main – c'est vraiment conter. C'est retrouver le papillon frémissant de vie sous l'échantillon entomologique...

Quant au conte réécrit, sa réécriture est minimale. Elle se contente de donner l'idée du récit, tuant délibérément sa dimension orale avec ses hésitations, ses maladresses, mais aussi ses trouvailles. Elle va jusqu'à en annuler le débit, le rythme, si utile pour créer le suspense. Du coup, les blancs, les silences perdent toute signification. Le conte est mis à plat. On ne peut en attendre aucun plaisir. Il ne transmet au lecteur qui en prend connaissance guère plus que de l'information.

Actuellement, du moins dans les sociétés occidentales, n'importe qui peut décider de conter. L'expérience a été plusieurs fois tentée ces dernières années aux soirées montréalaises du bar Le Sergent recruteur, alors que l'on proposait le micro à qui le voulait bien. Être conteur, conteuse reste toutefois un privilège. Qui conte, au fil du temps et au hasard des lieux ?

Est conteur, conteuse, celui ou celle dont la compétence comme conteur, conteuse est reconnue par la communauté dont il ou elle émane. Cette compétence est à deux niveaux : l'étendue et la qualité du répertoire disponible d'une part, ce qui suppose du goût et de la mémoire. D'autre part, et peut-être surtout, la capacité de créer chez les auditeurs un désir de récit, puis, une fois celui-ci commencé, de retenir leur attention jusqu'à la fin. Ce qui, on s'en doute, n'est pas donné à tout le monde.

> « Le conte est un art qui, comme toute autre technique d'expression, ne peut être maîtrisé qu'au prix d'un sérieux apprentissage. L'apparente facilité verbale du conteur est aussi trompeuse que le

Une histoire en analogie. Transposition d'une analogie d'un monde à l'autre pour te faire comprendre une histoire et ton monde.

Félicité, 54 ans

* Catherine
Velay-Vallantin,
L'Histoire des contes,
Paris, Fayard, 1992.

naturel de la phrase musicale d'un instrumentiste : la simplicité d'exécution, le brio sont le résultat d'une technique consommée. De même, l'élaboration d'un conte selon les règles n'est pas plus à la portée du premier venu que la composition d'une fugue régulière*. »

Historiquement, sauf auprès des enfants et dans certaines circonstances, ce sont les hommes qui content. Rien d'étonnant à cela. Dans les sociétés traditionnelles, ce sont eux qui se déplacent. Il est logique qu'il leur arrive des aventures, qu'ils aient connaissance d'aventures arrivées à d'autres ou qu'on leur en ait racontées. Rappelons-nous le conteur de Sudbury qui tenait son histoire d'un conteur de Manchester !

De nos jours, au Québec du moins, conter est un véritable métier et ce métier est ouvert aux femmes comme aux hommes. On est conteur, conteuse, comme on est chanteur ou chanteuse, comédien ou comédienne, humoriste. On participe à des représentations de toutes sortes, représentations annoncées à l'avance et pour lesquelles des frais d'entrée sont exigés. On a ses fans, comme il se doit. On va même jusqu'à se regrouper en association.

Les auteurs de contes littéraires ont compris l'importance de la parole conteuse. Aussi inventent-ils volontiers un personnage-conteur qui « vient de loin », précédé d'une réputation enviable comme conteur. Le père Michel, par exemple, dans *Forestiers et voyageurs*, de Joseph-Charles Taché :

« C'était un grand conteur : comme il avait beaucoup vu, beaucoup entendu et un peu lu, son répertoire n'était jamais épuisé : il aimait du reste, autant à conter qu'on aimait à l'entendre. Il savait sur le bout du doigt l'histoire de l'Oiseau Figuel-mousse, le Conte du Merle blanc, beaucoup des histoires de la littérature populaire, des légendes, des récits de chevalerie, et, surtout, son histoire à lui, qui n'était pas le moins prisé de ses récits*. »

Son auditoire : les gars du chantier qui finiront bien par se disperser et du coup disperser les contes entendus. Car est conteur aussi tout auditeur, du moins potentiellement. C'est la force du conte que de pouvoir essaimer dans l'espace et dans le temps.

Les conteurs de certaines ethnies sont des sortes de professionnels du conte. On les nomme griots en Afrique. Les griots le sont souvent de père en fils. Ils ont une lourde responsabilité, puisqu'il s'agit rien de moins que de transmettre à leur congénère une tradition non écrite par ailleurs. Or, celle-ci peut comporter l'histoire du groupe en question, comme à Madagascar où les Malgaches apprenaient leur origine par le biais de récits réunis à la fin du XXe siècle sous le titre *Histoire des rois***.

Dans la plupart des pays, on laisse aux femmes – mères, grand-mères, nourrices – le conte pour enfants. Ne sont-elles pas les dépositaires de la langue maternelle ? Or, qui dit langue maternelle dit initiation à la vie par des jeux verbaux : comptine, chanson, conte. Mais, dans bien des communautés, le rôle de la conteuse ne s'arrête pas là. Ainsi au Zaïre où, par ses récits, elle contribue à la formation des filles cokwe***, lors de leur réclusion initiatique qui vise à faire d'elles de bonnes épouses et de bonnes mères.

**Joseph-Charles Taché
(1820-1894)**
Journaliste et écrivain, Taché est élu député aux Communes, en 1847. Il a tiré deux de ses œuvres les plus représentatives, *Trois légendes de mon pays* (1861) et *Forestiers et voyageurs* (1863), des histoires populaires et des légendes qu'il avait recueillies.

* Joseph-Charles Taché, *Forestiers et voyageurs*, Montréal, Fides, 1946.

** R. P. Callet, *Histoire des rois, Tantaran'ny Andriana*, trad. G. S. Chapus et E. Ratsimba, 5 vol., Tananarive, Acad. Malagasy, Librairie de Madagascar, 1974-1978.

*** Mueni Malu-Bungi, *Vers une poétique du conte rituel : les contes d'initiation des femmes cokwe*, thèse de doctorat, Université de Montréal, 1990.

Dans le frontispice de l'édition des contes de Perrault parue en 1862, Gustave Doré a centré la composition « sur le gros livre que tient la grand-mère. Dans ses bras, une petite fille trouve refuge quand les autres enfants, effrayés, écarquillent les yeux. Toutes les générations sont présentes autour de la conteuse. »

Source : site Internet de la Bibliothèque nationale de France.

Les folkloristes et les ethnologues ont surtout travaillé sur les histoires racontées en vue d'une classification par sujets ou par motifs ou pour une meilleure compréhension des communautés. La performance conteuse était négligée, quand elle n'était pas simplement laissée de côté. On se rendit soudain compte de son importance dans le processus. Cet intérêt a donné lieu à un néologisme de sens : le contage. Que faut-il entendre par là ?

On regroupe sous le vocable «contage» toutes les règles de l'art de conter. Certaines de ces règles sont inhérentes au conte. Elles lui sont indispensables, existentielles en quelque sorte. Pour qu'il y ait conte, ne faut-il pas toujours un conteur ou une conteuse? Un auditoire réel ou virtuel? Un lieu intime favorable à l'échange, à la fois sécuritaire, pour que les auditeurs se laissent prendre en charge par la parole du conteur, et un peu inquiétant, pour le mystère, le suspense? Et, bien entendu, une histoire que conteur et auditoire s'apprêtent à partager.

« Si le conteur doit s'adresser à un auditoire, il doit aussi savoir s'écouter et prendre plaisir à entendre le rythme de sa propre parole ; pour pouvoir provoquer une réaction chez l'auditeur, le conteur doit lui-même entrer en transe, pour ainsi dire. Si l'on associe le conte au *souffle,* on peut dire que le temps du conte est celui de la respiration commune de l'assemblée réunie pour une veillée de contes. Une fois possédé par l'univers de son récit, le conteur doit suivre la cadence de sa respiration jusqu'à la fin de son histoire. Pour cela, il doit tromper [l'assemblée] par son éloquence et créer l'illusion de la vérité pendant un moment.

« Le conteur déjoue la réalité pour lui substituer un monde régi par une morale en apparence naïve. Il a le privilège de fabuler à l'aide de la métaphore et de l'image. Il est à la fois le gardien des mythes et leur plus grand profanateur. Grâce au conte, ce qui était sacré et sérieux dans l'univers du mythe peut devenir un jeu ou une aventure permettant à la liberté de l'emporter sur la contrainte, et à l'imagination de l'emporter sur la raison.

* Jean-Marc Massie, l'auteur du *Petit manifeste à l'usage du conteur contemporain. Le renouveau du conte au Québec*, Montréal, Planète rebelle, 2001.

« La force du conteur réside dans cette aptitude au délire contrôlé. Avec des héros traditionnels (comme Ti-Jean ou Alexis le trotteur) et grâce à sa parole magique, il peut nous faire oublier notre humaine condition pour nous laisser expérimenter une liberté « surhumaine ». Et s'il est vraiment et authentiquement fort, le conteur peut délivrer momentanément ses auditeurs de leurs interrogations existentielles en les endossant entièrement le temps d'une histoire*. »

D'autres règles – différentes selon que l'on a affaire à un conte profane ou à un conte rituel – s'ajoutent à ces règles fondamentales, celles qui concernent le moment du conte, par exemple. Elles varieront selon les cultures et selon la fonction qui lui est confiée. Pur divertissement dans une société profane, le conte n'a d'autres buts que de rassembler un auditoire et de lui faire plaisir. Tout au plus le conteur suit-il les habitudes locales : on conte dans les veillées, généralement à l'occasion d'une fête, en partageant le temps avec la danse, la musique et la chanson.

Par contre, essentiellement rituel dans une société traditionnelle, il aura à se plier à toutes sortes de contraintes concernant le temps de l'année (avant ou après la moisson), l'heure de la journée (le soir généralement), le lieu (un endroit précis au village), etc.

Quant au comment du conte, au-delà des habiletés du conteur ou de la conteuse, il dépend entièrement des habitudes du milieu qui le reçoit, de ce qu'il est convenu de nommer «horizon d'attente». L'auditoire qui se prépare à écouter un conte a des attentes très précises. Veut-il se distraire, rire un bon coup, frissonner de peur, rêver? Il le fait savoir dans sa demande de conte.

Du seul fait de former un cercle autour du conteur, de la conteuse, l'auditoire se trouve de plus à indiquer son acceptation de quitter temps et lieu du réel pour se perdre en imagination dans un ailleurs et un temps autre. Dans certaines communautés, il annonce même cette acceptation par une réponse collective à la formule introductive. « Cric ! » dira le conteur. « Crac ! » répondra l'auditoire.

Un bon conteur connaît ces habitudes. Prié de conter, il laissera monter le désir de récit, fera languir son auditoire. S'il est fumeur de pipe, il prendra tout son temps pour bien tasser le tabac, allumer, deux ou trois fois au besoin, et enfin aspirer en silence plusieurs longues bouffées. Il ne commencera à parler que lorsque la fumée l'entourera d'une sorte de mystère. Alors oui, il pourra raconter : son auditoire est mûr. Un petit verre d'alcool ne nuirait pas non plus. *In vino veritas,* c'est connu ! Tout pour créer la détente nécessaire à une bonne réceptivité du récit à venir.

Les choses ne se passent pas autrement pour le conte rituel. Il exige lui aussi une atmosphère propice à l'écoute. Seuls les détails changent, comme en fait foi cette description de Maurice Métayer qui a recueilli des contes oraux chez des Innus du Canada, ceux que les ethnologues connaissent sous le nom d'« Esquimaux du cuivre » :

> « Le plus souvent c'était le soir dans l'iglou, durant les longues veillées de l'hiver, que les vieux conteurs transmettaient aux plus jeunes les légendes du passé. La femme avait, de quelques tapes de sa baguette, éteint la plus grande part des mèches de la lampe de pierre. Seules quelques flammèches dansaient encore, sorte de veilleuse. Sous cette clarté indécise la voûte et les murs de l'iglou devenaient des formes imprécises,

Événement extraordinaire !

« Grand course sensationnelle, dimanche 4 juillet 1909, à Saint-Célestin, au rond des courses du club, à 3 1/2 hrs. p.m. : le cheval de monsieur Pental Vincent contre Beaudet, dit " Alexis le trotteur ", le fameux coureur de fond de Victoriaville... », comme l'annonce *L'Écho des Bois-Francs,* publié à Victoriaville (Québec), en 1909.

Illustration
d'Agnès Nagogak
pour la couverture des
Contes de mon iglou,
textes recueillis et traduits
par Maurice Métayer,
Montréal, Éditions
du Jour, 1973.

disparaissaient dans l'espace et dans le temps, mettant chaque être en communication directe avec l'immensité du pays arctique, le lointain et son passé, l'infini de ses océans, de ses terres, de ses montagnes, enveloppés de tempêtes aux forces brutales et mystérieuses et que l'imagination voyait peuplés d'êtres étranges.

« Personne ne dormait dans l'iglou, mais chacun était à la porte du rêve. À la voix du conteur remontant le fil du temps, le moment présent s'évanouissait comme sous un coup de baguette magique. C'était le lointain passé des ancêtres qui était devenu le réel, et chacun revivait l'épopée des héros et leurs hauts faits. Chacun les comprenait, chacun y croyait, parce qu'ils étaient faits pour lui, à la mesure de ses peurs et de ses espoirs. »

Et de quelle sorte d'histoire s'agissait-il alors ? L'anthropologue Rémi Savard en donne une bonne idée dans son livre, *La Forêt vive. Récits fondateurs du peuple innu.* On y trouve quatre contes qui relatent la création du monde selon la tradition innue ou algonquienne du nord du Québec. Quatre récits obtenus, dans les années 1970, d'un informateur-conteur, François Bellefleur, et dont le héros, Tchakapesh, est, à sa manière, une sorte d'Adam entouré d'animaux. Quatre récits magiques à rapprocher, selon Rémi Savard, des cosmologies eurasiennes ayant précédé l'arrivée des grandes religions : le bouddhisme, le judaïsme, le christianisme et l'islam. À titre d'exemple, ce passage du deuxième récit où on tente d'expliquer la durée de l'hiver :

> « Quant à ceux qui avaient accepté l'alternance des saisons, il leur restait à régler une importante question : combien devrait-il y avoir de lunes par hiver ? Interrogé à ce sujet, Caribou proposa ce qui suit : " Autant qu'il y a de poils entre mes doigts de pied. " On fit valoir que l'accumulation de neige au cours d'hivers si longs l'empêcherait d'atteindre sa nourriture au sol. On se tourna ensuite vers Castor, dont la proposition fut la suivante : " Autant qu'il y a de rainures sur ma queue. " Réfléchis un peu, lui dit-on. Avec des hivers aussi longs, tes tunnels finiraient par s'englacer. Enfin, on demanda l'avis de Geai gris,

Histoire fantastique visant à reproduire une situation réelle par le biais d'une imagerie agréable.

Marco, 29 ans

qui répondit : " Autant que j'ai de poils sur mon corps. " Les petites branches sèches que tu manges ne résisteraient pas aux rafales de vent d'hivers aussi longs. Tu finiras par manquer de nourriture, lui dit-on. " Vous avez bien raison ", dit Geai gris. À ce moment précis de la discussion, Pic maculé sentit le besoin de s'étirer les pattes. Ce qui lui permit de constater qu'il avait six doigts de pied ! Alors, sans même attendre qu'on lui demande son avis, il déclara : " Selon moi, il devrait y en avoir six. " Et c'est effectivement le nombre de lunes que comptent nos hivers. Ils s'étaient donc inspirés des pattes du pic*. »

* « L'enfant abandonné : l'origine de l'été », dans Rémi Savard, *La Forêt vive. Récits fondateurs du peuple innu,* Montréal, Boréal, 2004.

Le conte, comme le théâtre, dispose d'un rituel spécifique d'ouverture et de clôture. Au théâtre, ce rituel prend la forme des classiques trois coups d'avant le lever du rideau et, après la tombée finale de celui-ci, du retour sur scène de tous les comédiens, en ordre décroissant d'importance dans la pièce. Pour le conte, on parle de formules introductives et de formules de conclusion. En quoi consistent-elles ?

Les formules introductives et de conclusion sont une caractéristique du conte oral. Lorsque personnelles, donc originales, elles sont la marque représentative d'un conteur, sa signature en quelque sorte. Le plus souvent, elles appartiennent à la communauté du conteur, au point que dans certaines formules introductives, des répliques sont réservées aux membres de l'auditoire. Une façon efficace de s'assurer de son attention. François Flahault en donne un bon exemple qui remonterait au XVIIIe siècle. L'auditoire est composé des marins de Terre-Neuve.

« Conteur   — Cric !
« Auditeurs — Crac !
« Conteur   — Cuiller à pot !
« Conteur   — Soulier de Dieppe !
« Auditeurs — Marche avec !
« Conteur   — Marche aujourd'hui, marche demain, à force de marcher on fait beaucoup de chemin. »

Et cet autre – la formule de conclusion d'un conteur breton – qui n'est pas sans rappeler les « Ils vécurent heureux et mangèrent de la galette » de notre enfance :

« C'est là qu'il y eut un festin !
« Il n'y manquait ni massepains ni macarons
« Ni crêpes épaisses ni crêpes fines*. »

* François Flahault,
*L'Interprétation
des contes,*
Paris, Denoël, 1988.

Le phénomène paraît ne pas connaître de frontières si l'on en croit ce début et cette fin empruntés à un conte wolof et traduits ainsi :

« Un conte (conteur)
— On l'écoute (auditoire)
— Il était une fois.
— Cela arrivait souvent.
— En avez-vous été témoin ?
— C'est de vous que nous le tenons.
— Les racontars d'aujourd'hui ne valent pas la peine de frapper son enfant.
— Encore moins les tiens. [...]
« C'est là que le conte se perdit dans la mer et le nez qui le premier le reniflera ira en paradis**. »

** Lilyan Kesteloot
et Cherif Mbodj,
Contes et mythes wolof,
Dakar, Les Nouvelles
Éditions africaines, 1983.

Ces formules appartiennent à la communauté qui les pratique sans aucun doute, puisque d'autres conteurs wolof s'en servent à quelques variantes près.

Utilisées plus rarement de façon artificielle – pour amorcer ou terminer un conte écrit – les formules introductives et de conclusion jouent un rôle non négligeable, celui de proclamer que le texte qu'on va lire ou qu'on vient de lire est bien un conte. Ainsi, le début du conte « Le Diable des forges. Histoire de chantier », de Louis Fréchette :

> « Cric, crac, les enfants !
> « Parli, parlo, parlons !...
> « Pour en savoir le court et le long,
> « Passez le crachoir à Jos Violon.
> « Sacatabi, sac-à-tabac, à la porte
> « Les ceuses qui n'écouteront pas* ! »

* Louis Fréchette, « Le Diable des forges. Histoire de chantier » dans les *Contes de Jos Violon*, Montréal, Guérin, 1999.

Le but de ces formules, qu'accentuent souvent dans le corps du texte d'autres formules à valeur descriptive – marche, marche, marche – ou mnémotechnique, comme certaines répétitions en refrains, vise à sortir l'auditoire du réel, à le transporter dans un monde imaginaire fait de mots, de gestes, de mimiques et de silence, à l'amener à un niveau de jubilation inhabituel, puis à le déposer, heureux, dans l'ordinaire du quotidien.

Conte

Récit, en vers ou en prose, d'aventures merveilleuses, fantastiques, comiques, parfois libertines, le conte est proche à la fois de la nouvelle et de la fable, mais se distingue de la première en ce qu'il est moins tenu par les règles de la vraisemblance, et de la seconde, en ce qu'il n'a généralement pas d'intention morale avouée.

Laffont-Bompiani, *Dictionnaire universel des lettres*, Paris, S.É.D.E., 1961.

Le conte est tantôt long, tantôt court, tantôt oral, tantôt écrit. Lorsque court et écrit, il se joue volontiers des frontières avec d'autres formes brèves. Long et oral, il est fidèle à lui-même ; écrit et très long, il ne se reconnaît plus et glisse vers d'autres formes, dont le roman. Dans ces conditions, une définition ou une description qui le présente sous toutes ses facettes est-elle possible ?

En arriver à une définition-description du **conte** qui aille au-delà de celle que fournissent les dictionnaires et soit applicable à des textes de dessein et de formes très différents les uns des autres, c'est notre intention. À la condition d'accepter quelques préalables, d'approcher le conte par étapes et de ne retenir que les caractéristiques communes à toutes ses actualisations.

Ce qui exige de faire d'abord les distinctions qui s'imposent entre conte oral, traditionnel, et conte écrit, littéraire ; entre les différents types de contes ensuite, réalistes, merveilleux, philosophiques, comiques, poétiques, etc. ; de former un corpus minimal de contes puis d'analyser les textes choisis dans chaque catégorie afin d'en venir à reconnaître ce qui les différencie ; de chercher enfin à débusquer leurs dénominateurs communs.

Le but n'étant pas, il importe de le préciser, de figer le conte dans des formes nettes et définitives ni d'installer des frontières imperméables entre lui et des formes voisines, mais de comprendre des fonctionnements à la fois semblables et dissemblables. Ne l'oublions pas, celui qui en fin de compte aura toujours raison, c'est le conteur, qu'il procède oralement ou par écrit et quelle que soit la forme qu'il utilise. En supposant, bien entendu, que son conte soit réussi.

Se pourrait-il qu'en vue d'une définition du conte, son contenu – le récit proprement dit – importe moins que la relation langagière particulière qu'il installe entre le conteur et son auditoire ?

C'est l'hypothèse que pose le présent ouvrage et qui n'est pas sans risque. Après tout, l'histoire racontée est, en principe, ce qui devrait intéresser : n'est-elle pas le but que cherchent à atteindre tant le conteur que l'auditoire ? Ils sont nombreux toutefois les praticiens et les analystes du conte qui font le constat de la réduction de son importance par rapport à son énonciation. Ainsi François Flahault :

> « L'énonciation du conte relève d'un registre de parole que les linguistes appellent le phatique : paroles qui n'engagent pas, qui confortent le Moi des interlocuteurs, qui apportent du liant ; paroles dites pour le plaisir, faites de bavardages et de plaisanteries. Le cadre même dans lequel s'effectue la consommation du récit, est donc, dans la mesure où il neutralise les tensions d'interlocution, l'une des sources du plaisir éprouvé*. »

* François Flahault, *L'Interprétation des contes*, Paris, Denoël, 1988.

Le lecteur curieux, que la théorie n'effarouche pas, aurait avantage à consulter ce qu'il est convenu de nommer les « fonctions de Jakobson », soit les fonctions phatique, poétique, métalinguistique, émotive, conative et référentielle. Le conte privilégierait le phatique par rapport au référentiel**.

** Voir le chapitre 2 du livre de Roman Jakobson, *Essais de linguistique générale*, Paris, Minuit, 1963.

Plaisir partagé par le conteur et son auditoire, comme le rappelle J. Hochmann qui parle même d'une prime « d'auto-érotisme » attachée à l'acte de conter et à celui d'écouter un conte. Auto-érotisme sans lequel le récit perdrait une grande part de son efficacité et qui suscite un plaisir « largement indépendant de ce qui est raconté***. »

*** J. Hochmann, « Raconte-moi encore une histoire. Le moment du conte dans une relation thérapeutique avec l'enfant », dans *Contes et divans*, Paris, Dunod, 1984.

Et Italo Calvino :

> « La fonction morale que le conte assume dans l'entendement populaire est peut-être moins à rechercher du côté des contenus que du côté de l'institution même du conte, le fait de le raconter et de l'écouter****. »

**** Italo Calvino, *Le Perroquet, contes populaires italiens*, tome 1, Paris, Denoël, 1980.

Sans la relation langagière particulière que le conteur partage avec son auditoire, pas de conte en effet. Une anecdote peut-être ? Un récit comme celui que ferait à son assureur un accidenté de la route ? Les *straight facts*, en somme, souhaités par les interlocuteurs de Pi Patel dans le roman de Yann Martel ?

Si l'on admet que le texte du conte oral, à l'origine du genre conte, est composé de plusieurs éléments – un milieu donné, des circonstances d'énonciation, un conteur, un auditoire, un récit – on est forcé de limiter l'importance de ce dernier par rapport à l'ensemble du phénomène. Est-il besoin de rappeler que, très souvent, du moins quand il s'agit du conte traditionnel, l'auditoire connaît très bien le récit qui va lui être proposé. Comment peut-il s'y intéresser encore, au-delà bien entendu d'une éventuelle fonction rituelle, sinon justement grâce à la manière de le raconter, à la performance conteuse elle-même ?

Le conte littéraire, lui, n'existe comme conte que s'il arrive à provoquer ce qu'on pourrait appeler l'effet-conte.

L'effet-conte caractériserait le conte littéraire et permettrait de distinguer celui-ci d'autres récits de fiction. En quoi consiste cet effet-conte ?

L'auteur d'un texte écrit qui se veut conte se voit dans l'obligation de recréer, par des moyens relevant essentiellement de l'écriture, les divers éléments du conte oral. C'est l'effet-conte. Pour obtenir cet effet, il dispose de plusieurs moyens. Les plus évidents : la mise en place d'un décor – salon en ville, salle de famille à la campagne, camp de chantier, etc. ; de circonstances – le temps des fêtes qui, par exemple, au Québec, inspire une sorte de conte, soit le

Portrait de M. Diderot (détail), 1767, huile sur toile de Louis-Michel Van Loo (1707-1771).

* Denis Diderot, *Contes et romans*, Paris, Gallimard, « Bibliothèque de la Pléiade », 2004.

** Gabrielle Roy, *De quoi t'ennuies-tu, Éveline ?* suivi de *Ély ! Ély ! Ély !*, Montréal, Boréal, 1984.

conte de Noël ; la présentation d'un conteur ou d'une conteuse, ensuite ; de l'auditoire enfin qui, souvent se consacre lui-même comme tel en demandant un conte.

Plus subtilement, l'auteur-conteur tire parti du paratexte, c'est-à-dire de tout ce qui entoure le récit – titre, sous-titre, exergue ou dédicace. Mais là où il doit surtout exceller, c'est dans le contact qu'il établit et maintient avec son lecteur, directement par un narrateur-conteur ou grâce au personnage-conteur mis en scène. Ce lecteur, l'auteur-conteur le traite comme un auditeur qu'il peut interpeller, questionner, contredire même.

« Lorsqu'on fait un conte, c'est à quelqu'un qui l'écoute ; et pour peu que le conte dure, il est rare que le conteur ne soit pas interrompu quelques fois par son auditeur. Voilà pourquoi j'ai introduit dans le récit qu'on va lire un personnage qui fasse à peu près le rôle du lecteur et je commence*. »

Et il ne se prive pas des moyens à sa disposition, qu'il se nomme Alphonse Daudet ou Louis Fréchette ou Gabrielle Roy. Son enthousiasme n'est-il pas garant du succès de l'entreprise ?

« Pour bien raconter, elle le savait, il fallait d'abord être prodigieusement captivé soi-même**... »

Rien n'empêche non plus l'auteur-conteur d'utiliser le recueil ou mieux le récit-cadre, vieux comme le monde et d'une efficacité reconnue.

Shahriyär et Shéhérazade

Auprès de son époux attentif, Shéhérazade paraît plus grande. Elle symbolise, selon la vision de l'artiste, la primauté de l'esprit sur les instincts barbares et celle de l'intelligence sur la bestialité.

Giffie, 1969. DR.

Le récit-cadre assure à l'auteur-conteur un effet-conte presque toujours réussi. Qu'appelle-t-on récit-cadre?

Le plus ancien récit-cadre connu (vers 1400) est celui des amours du sultan Shahriyär et de Shéhérazade, la fille de son grand vizir, dans *Les Mille et une Nuits*. Rappelons briè- vement comment Shéhérazade risque sa vie d'une nuit à

Le conte fait appel à l'imagination de celui qui écoute, moment magique entre le conteur et l'auditeur, relation affective qui s'éta- blit, moment de plaisir pour les adultes et les enfants, moment de délectation pour l'enfant, façon d'établir une relation privilégiée. Ce n'est pas tellement l'histoire qui importe, mais la relation que l'on peut établir grâce à cette histoire.

Guy, 60 ans

Le tableau *A Tale from Decameron* (1916), du peintre anglais John Williams Waterhouse (1849-1917), illustre l'un des moments du *Décaméron*.

l'autre : Shahriyär, roi de Perse est tellement persuadé de l'infidélité de ses femmes, qu'il décide d'en prendre une avec lui tous les soirs et de la faire étrangler le lendemain matin! Shéhérazade, la fille de son grand vizir, s'est courageusement offerte pour la prochaine union. Mais elle imagina de raconter à son sultan une série d'aventures épisodiques plus passionnantes les unes que les autres. Elle bercera la rêverie de son époux jusqu'aux premières heures du jour, se gardant bien toutefois de terminer son récit... Vivement intéressé par les récits nocturnes de cette spirituelle épouse, Shahriyär remet toujours à plus tard la terrible sentence. Finalement, surpris et charmé par la fidélité de sa femme (après mille et une nuits!), il renonce à son cruel projet.

Cette façon d'encadrer des récits brefs sera très populaire au XVIe siècle français, souvent à l'imitation des récits de Boccace dans *Le Décaméron*.

Dans le cas du recueil italien, dix personnages, trois hommes et sept femmes, fuyant la peste de 1348, à Florence, se retrouvent à la campagne, dans deux châteaux voisins et trompent leur ennui en racontant, chacun et chacune, une histoire par jour pendant dix jours. Ce qui donne cent histoires qui tracent une véritable « comédie humaine » du Moyen Âge.

L'Heptaméron (ou *Les Contes et Nouvelles de la reine de Navarre*), de Marguerite d'Alençon, reine de Navarre, qui s'en inspire, est une œuvre inachevée. Elle ne contiendra que soixante-douze contes et sera publiée, de manière posthume, en 1559. Les dix conteurs et conteuses sont nommés « devisants » parce qu'au-delà du conte fait, ils contribuent par la discussion à une sorte de **casuistique** de l'amour – ce qui rapproche le récit de ce que sera la nouvelle. Casuistique qui se trouve doubler le cadre matériel : de retour d'une cure, aux « baings des montz Pirenées », une dizaine de dames et de gentilshommes, empêchés de traverser une rivière en crue, se réfugient dans un monastère en attendant de pouvoir reprendre leur voyage. « Au réalisme des descriptions, l'auteure ajoute en une langue sobre des considérations sur les sentiments que doit éprouver le parfait amant, se faisant ainsi l'écho d'un platonisme modéré*. »

Le recueil *Cent nouvelles nouvelles*, attribué à Antoine de La Sale (vers 1385-1460), est paru en 1455 ; il contient bien des contes malgré le titre emprunté à la *novella* italienne ; il est dû à trente-six conteurs (personnages). Cet

Marguerite de Navarre (1492-1549)

Sœur de François Ier, femme d'une grande culture et d'un esprit très ouvert, elle protégea les auteurs suspects de sympathie pour la Réforme et composa des poèmes et un recueil de récits à la manière de Giovanni Boccaccio : *L'Heptaméron.*

Portrait (détail) attribué à Clouet, Musée Condé.

Giovanni Boccaccio (Boccace) 1313-1375

L'œuvre majeure du poète, conteur et humaniste italien, *Il Decamerone*, fut rédigée entre 1350 et 1355.

Casuistique

1. Partie de la théologie morale qui s'attache à résoudre les cas de conscience. 2. Subtilité complaisante ; tendance à argumenter avec une subtilité excessive, notamment sur les questions de morale.

D'après Le Petit Larousse.

* Dictionnaire universel des noms propres, t. 3, Paris, Le Robert, 1983.

ouvrage est un portrait de la société française à la fin de la guerre de Cent ans. Le cadre est celui de la cour de Bourgogne et, en particulier, celui des banquets célèbres qui y réunissaient périodiquement le duc et son entourage.

Un dernier exemple, qui n'épuise pas la question. Les *Discours d'aucuns propos rustiques, facétieux, et de singulière récréation*, parus en 1547, œuvre «légère» et libre de Noël Du Fail (vers 1520-1591), grâce à laquelle il devint célèbre. Cinq vieillards se regroupent sur la place d'un village pour se raconter le passé. Apparaît alors une chronique villageoise qui forme un tableau complet de la vie rurale.

*Michel Tremblay, *Contes pour buveurs attardés*, Montréal, Éditions du Jour, 1966.

La formule, modulée, sera reprise assez régulièrement tout au long des siècles suivants. Ne retenons, pour terminer, qu'un exemple québécois particulièrement intéressant : les contes de Michel Tremblay*. Le cadre, suggéré par le titre, est une taverne où sont réunis des buveurs que le temps ne bouscule pas. Le récit est au degré zéro ; au lecteur de l'imaginer. Quant aux contes, ils sont regroupés en deux parties. La première, qui contient sept contes, est intitulée «Histoires par des buveurs», tous nommés, alors que les conteurs de la seconde, «Histoires pour des buveurs», plus longue de onze contes, sont anonymes. Tout se passant comme si les premiers conteurs, relativement peu nombreux, avaient libéré la parole des autres buveurs. Le pouvoir du conte, une fois de plus !

Le récit-cadre est d'une grande efficacité pour créer l'effet-conte... Mais il est très exigeant, car il suppose un certain va-et-vient entre chaque conte raconté et les événements appartenant au récit qui les encadre. Heureusement, une solution moins contraignante s'offre à l'auteur-conteur : le recueil. En quoi consiste-t-il ?

Philippe-Auguste de Villiers de L'Isle-Adam (1838-1889)

Villiers paria sur une gloire que le destin lui a toujours refusée. Malgré la misère, les dernières années de sa vie furent particulièrement fécondes et couronnées par des chef-d'œuvres dont *Les Contes cruels* (1883).

Edgar Allan Poe 1809-1849

Poe, « ivrogne, pauvre, paria, persécuté [...] a beaucoup souffert pour nous... », écrit Baudelaire dans sa préface aux contes des *Histoires extraordinaires*, en 1856.

Buste de Poe (détail), par Daniel Chester French, 1922.

Guy de Maupassant (1850-1893)

Formé à l'école de Flaubert, sa lucidité et son génie stylistique en firent le maître d'un réalisme noir qui s'est exprimé, entre autres, dans *Les Contes de la Bécasse* (1883), d'inspiration normande.

Alphonse Allais (1854-1905)

Dans ses œuvres, il cultiva un humour qui reposait sur la logique de l'absurde, mais il entretint « par-dessus tout, l'imprévu, la cocasserie, la justesse étonnante et la rapidité de ses observations ». (S. Guitry)

Le conte écrit, contrairement au conte traditionnel, existe rarement seul. La plupart du temps, il se retrouve avec d'autres contes que relient entre eux tantôt un thème conducteur (la cruauté, chez Villiers de L'Isle-Adam), un même conteur (Jos Violon, chez Louis Fréchette) ou un personnage qui revient d'un conte à l'autre (le captain Cap, d'Alphonse Allais), tantôt un lieu d'écriture (le moulin,

Une histoire invraisemblable basée sur des légendes ou même d'autres contes. Le conte n'est pas seulement pour les enfants. Souvent dans les romans, le personnage principal poursuit une quête. Cela aussi peut être un conte. Un conte peut aussi se baser sur un fondement vrai, mais alors l'histoire est amplifiée.

François, 13 ans

d'Alphonse Daudet) ou un même type d'émotion (l'angoisse, la peur, chez Edgar Allan Poe). On est alors en présence d'un recueil de contes.

Le recueil de contes est une entité propre en constante relation de sens avec chacun des contes qu'il contient.

Forme moins stable que le récit-cadre, dont les lois sont connues, il dépend davantage des choix plus ou moins attendus de l'auteur-conteur. Aussi emprunte-t-il des voies fort diverses. Un bon exemple en serait *Les Contes de la Bécasse,* de Guy de Maupassant. Cloué dans un fauteuil par la maladie, le vieux baron des Ravots, grand chasseur devant l'Éternel, invite ses amis chasseurs à un repas de bécasses, étant entendu que chaque convive doit raconter une histoire.

Le célèbre moulin d'Alphonse Daudet, à Fontvieille, dans la Provence mythique.

Le recueil de Maupassant, on le voit, reste très proche du récit-cadre. Il s'en éloignera chez un Yves Thériault avec ses *Contes pour un homme seul* : dix-huit contes qui mettent en scène les personnages d'une même communauté rurale – le Troublé, Challu-la-cahtîne, Angoisse-de-Dieu, la mère Subert, etc. – dont plusieurs reviennent d'un conte à l'autre, créant ainsi une sorte d'unité. C'est ce type de recueil que l'on trouvera aussi chez un Jacques Ferron.

Yves Thériault (1915-1983)

Contes pour un homme seul, paru en 1944, est le premier ouvrage de cet auteur prolifique, dont l'œuvre a été honorée de nombreux prix.

Photo : Belkacem Bazi. DR.

L'auteur-conteur se nomme-t-il plutôt Fred Pellerin ? C'est autour de son village – Saint-Élie-de-Caxton – et d'une grand-mère particulièrement philosophe, qu'il construit, littéralement, son recueil *Dans mon village, il y a belle Lurette...* Son livre réunit quatorze contes, dont cinq sont présentés comme «inspirés de la tradition orale». Et, pour bien assurer la solidité de l'ensemble, chaque conte est précédé d'une réflexion de la grand-mère commentée par l'auteur-conteur. Ce qui donne, pour le premier conte :

> « Ma grand-mère disait que l'histoire s'est passée dans le temps où c'est que du temps, il y en avait encore.

> « Oui ! Du temps, de reste, pour toujours.
>
> — Toujours, puis même un peu plus après. Ça fait longtemps, ça ! Aujourd'hui, ti-gars, avec les cadrans qui tic-taquent à batterie, l'éternité a refoulé d'un bon bout. Par les temps qui courent, ça marche plus. Garrochés pour travailler, manger puis dormir, on se grouille même quand vient le moment de l'agrément. C'est rendu qu'il faut éjaculer à la première précocité pour sauver des minutes. C'est rendu que même le poulet puis le jambon sont pressés ! »

Le « conteux » Fred Pellerin en spectacle.
Photo : Éric Piché, 2003, DR.

> « Ma grand-mère, elle disait, avec des miettes de souvenirs pognées entre les dents, que ça se déroulait dans une autre fois. Dans le temps où c'est que du temps, il y en avait encore*. »

* Fred Pellerin,
Dans mon village, il y a belle Lurette...,
Montréal, Planète rebelle, 2001.

Attention toutefois : le recueil de Pellerin est moins d'un écrivain que d'un conteur en exercice qui, sans doute à la demande populaire, s'est amusé à rassembler quelques contes de son répertoire. Contes qu'il a été forcé de modifier pour les rendre à l'écrit – une note précise en effet que les versions contenues dans le recueil diffèrent de celles du cédérom intégré – mais qui demeurent très près de leur création orale.

De sorte que nous sommes face à une sorte d'intermédiaire (efficace, il faut bien le reconnaître) entre la réécriture de l'oralité et le conte littéraire. Cette forme, essentiellement parlée, est la caractéristique de certains contes écrits québécois du début du XXᵉ siècle. Si elle devait remplacer le conte purement littéraire, ce serait dommage, car ce dernier, moins facile, offre à son lecteur, à sa lectrice, le plaisir très spécial de faire entrer la culture populaire dans la culture savante – ou l'inverse – par le biais des seules ressources de l'écrit. Plaisir subtil égalé seulement par le poème et plaisir jubilatoire s'il en est !

Jugeons-en à la lecture d'un petit conte de Claude Haeffely qui, s'appuyant sur une forte connivence culturelle conteur/conté, transforme en un bouquet de fantaisies le fait banal de prendre un verre avec des amis. Notons en particulier la clôture de ce petit conte : le titre est devenu le trait final, comme pour mieux faire voir le caractère ludique du texte.

Une tempête dans un verre d'eau

« Le jour même où la trente-troisième baigneuse faisait son entrée triomphale au musée, le ministère des affaires fantaisistes ordonnait la fermeture de cet établissement unique au monde. Mortifié par cette décision scandaleuse, le conservateur en chef du musée, le terrible prince Trombone, plongeait tout habillé dans la piscine et tentait de mettre fin à sa brillante carrière.

« Son fidèle ami, le Vent, qui passait par là, attiré par les cris des trente-trois baigneuses en émoi, sauva le prince qui ne savait pas nager.

« Abandonnant alors son bel habit trempé de conservateur en chef, le prince Trombone enfila un maillot de bain noir et, pour remercier le Vent de lui avoir évité un geste irréparable, l'invita au *Chapeau Vert,* célèbre restaurant de sept toques et douze étoiles.

«Comme le Vent adorait les femmes et particulièrement les baigneuses, courtois, le prince invita sa trente-troisième acquisition, la belle Linda de Panama, à se joindre à eux.

«En voyant débarquer dans son restaurant le prince en maillot de bain, accompagné du Vent en tenue de campagne et de Linda à moitié nue, le patron, monsieur Philippe Auguste offrit au trio sa plus belle table, celle qui donnait sur la baie des Trépassés.

«Plein d'attention pour le Vent qui venait de lui sauver la vie, Trombone lui demanda ce qui lui ferait le plus plaisir.

«Le Vent demeura silencieux, le conservateur en chef insista. Jetant alors par-dessus son épaule un indigeste menu du jour, le Vent, tout en dévorant du regard Linda, commanda avec un large sourire : " Une tempête dans un verre d'eau "*. »

* Claude Haeffely, « Une tempête dans un verre d'eau », dans *Le Petit Théâtre de Minuit Jules,* Montréal, Éditions 42e parallèle, 2004.

Un conte c'est pas juste une petite histoire. C'est une histoire répétée bien des fois à toute une génération et aussi transmise de génération en génération. Le conte divertit mais il n'est pas anodin. Il inculque des valeurs et des croyances. Il crée un entendement général parfois pratique collectivement, parfois cruel individuellement. Il n'y a pas que des contes de fées.

Sylvie, 35 ans

Image d'Épinal. Planche de la «Comédie du Chat Botté» présentée ici comme un « théâtre à découper ».

Denis Martin et Bernard Huin, *Images d'Épinal*, Paris et Québec, Réunion des musées nationaux et Musée du Québec, 1995.

Le conte écrit, qu'il soit une création originale ou qu'il reproduise un conte connu, dispose d'un autre moyen que le recueil et le récit-cadre pour créer l'effet-conte. Il s'agit de l'illustration. Quel rôle joue celle-ci dans l'histoire du conte?

Quand il est question du conte et de son illustration, une distinction s'impose d'emblée. Parle-t-on du conte pour adultes ou du conte pour enfants ? Les deux types de contes ont la même histoire jusqu'au XVIIIe siècle, alors qu'avec les progrès de l'imprimerie, en particulier dans les ateliers d'Épinal, est né l'album de conte pour enfants tel que nous le connaissons : beaucoup d'images, très peu de texte, la proportion images-texte variant selon l'âge des jeunes destinataires.

L'album a pris d'abord la forme d'une feuille unique qui comportait jusqu'à une vingtaine d'images sous lesquelles s'écrivait le texte. Une sorte de bande dessinée avant la lettre... Ont ainsi été illustrés la plupart des contes qui circulaient alors : « La Belle au bois dormant », « Le Petit Poucet », « Peau d'Âne », « Cendrillon », « Le Petit Chaperon rouge ». L'image d'Épinal, peu coûteuse, entrait dans les

À gauche,
Histoire de
la Barbe-Bleue.
Avec son portrait
tiré des Contes des fées.
Le Mans, chez Leloup,
[sans date (XIXe siècle)].

À droite,
Barbe bleue, illustration
de Gustave Doré pour
l'une des nombreuses
éditions des *Contes*
de ma mère l'Oye,
de Charles Perrault.

69

**Gustave Doré
(1832-1883)**

Dès sa treizième année, Gustave Doré dessine des lithographies ; en 1846 paraît son premier album, *Les Travaux d'Hercule* ; à quinze ans, il est engagé comme caricaturiste au *Journal pour rire*, de Philipon ; en 1849, à la mort de son père, il est déjà très connu ; à partir de 1854 et jusqu'à sa mort, Gustave Doré illustrera plus de cent vingt ouvrages.

foyers les plus modestes ; les contes illustrés y voisinant avec les images pieuses, les cartes à jouer et les illustrations de faits d'armes remarquables. Grâce à elle, même les analphabètes avaient accès à une forme de lecture.

L'introduction des albums de conte pour enfants est le prolongement des illustrations insérées très tôt dans les ouvrages narratifs. Rappelons-nous les enluminures des manuscrits médiévaux où les dessins de scènes de bataille, de sièges de ville, de chevauchées entre châteaux ajoutent à l'information et au plaisir du texte. Et le livre, bien que plus discret à certaines époques qu'à d'autres, n'est pas en reste, qu'il propose des bois aux lignes dépouillées ou de fines gravures sur acier. Ce seront les aventures des géants de Rabelais, les cartes d'Amour ou de Tendre des grands récits romanesques du XVIIe siècle, les portraits de héros, la transcription iconographique des lieux où se déroulent les événements ou encore la transposition des moments de l'histoire, du XVIIIe siècle à nos jours. Ce seront, au XIXe siècle, les contes de Charles Perrault illustrés par Gustave Doré.

Il ne semble pas que ce qui forme le Québec moderne ait été atteint par l'image d'Épinal. Par contre, les gravures abondent dans les journaux, les almanachs et les livres du début du XXe siècle. Le meilleur exemple en est sans doute l'édition de 1907 des *Contes vrais,* de Pamphile Le May, qui contient pas moins de vingt-trois planches hors texte sur papier couché et trente-trois gravures, dont quinze intègrent un titre, neuf sont des culs-de-lampe et neuf autres parsèment le texte lui-même. Douze illustrateurs y ont collaboré : Raoul Barré, Albert S. Brodeur, Georges Delfosse, Charles Huot, Henri Julien, Joseph Labelle, Jean-Baptiste Lagacé, Ulric Lamarche, Georges Latour, Ozias Leduc, Edmond-Joseph Massicotte, Jobson Paradis.

Le rôle de ces diverses illustrations ? Ajouter du réel au texte écrit, lui donner une dimension concrète. En somme, contribuer à l'effet-conte.

Contes vrais

Dessin (non utilisé) d'Edmond-J. Massicotte pour la couverture de l'édition de 1907 des *Contes vrais* de Pamphile Le May.

Le conte littéraire et le conte oral traditionnel de langue française cohabitent depuis des siècles. Comment se passe cette cohabitation ?

La frontière entre l'oralité et l'écriture n'étant jamais étanche, des contes relevant de la littérature officielle ou passés par elle – c'est le cas de certains contes se trouvant dans les recueils cités plus haut et, bien entendu, de plusieurs contes de Perrault et de madame d'Aulnoy – sont entrés, modifiés ou non, dans le répertoire des conteurs, par le biais d'écrits s'adressant au plus grand nombre. En France, dès la fin du Moyen Âge, grâce à la littérature dite « de colportage » et plus tard, à la collection de la « Bibliothèque bleue », qui l'une comme l'autre rejoignaient les gens chez eux. Au Québec, au XIXe siècle surtout, par le truchement de périodiques publiant des contes, tant

Edmond-J. Massicotte (1875-1929)

Dessinateur et graveur québécois, ses œuvres parurent dans les revues et les journaux de son époque en plus d'illustrer des œuvres littéraires. Plusieurs de ses dessins et gravures sont conservés au Musée du Québec.

Gravure d'Edmond-J. Massicotte pour le titre du conte « La Maison hantée », dans l'édition de 1907 des *Contes vrais* de Pamphile Le May.

européens que canadiens-français : journaux, revues, almanachs...

Quoique « contaminés » par l'écrit, ces contes n'en sont pas moins considérés comme traditionnels par la société qui les reçoit et finit par les assimiler à son patrimoine culturel au même titre que d'autres manifestations folkloriques empruntées au fil du temps : danses, chansons, proverbes, croyances et rituels divers. Quant aux contes littéraires venus de l'oralité, ils n'en sont pas moins littéraires non plus, à partir du moment où la littérature officielle les intègre.

Cette double constatation nous oblige à une réflexion sur le statut de la littérature qui ne trouve toujours que des réponses partielles. La littérature, c'est ou ce n'est pas de l'engagement, c'est ou ce n'est pas de l'art, etc. Si Northrop Frye a raison lorsqu'il écrit *« The area of literature should not be restricted to the conventionally literary, but extended to the entire area of verbal experience* * »* (« le domaine de la littérature ne devrait pas être limité à ce qui relève de la convention littéraire, mais élargi de façon à inclure le champ entier de l'expression verbale... »), une définition élargie de la littérature ne peut que suivre. Définition qui met sur le même pied conte oral et conte écrit et avec laquelle nous ne pouvons qu'être d'accord. Nous allons donc supposer que, dans l'un et l'autre cas, le conte est un texte.

* Northrop Frye,
*The Stubborn Structure/
Essays on Criticism
and Society,* Ithaca, NY,
Cornell University Press,
1970.

Les exemples de cohabitation du conte traditionnel et du conte littéraire sont nombreux. Tentons de suivre un exemple de conte qui concerne la France et le Québec.

La « Chasse-galerie » est peut-être l'exemple le plus intéressant du phénomène. Il montre la mobilité de la légende, sa longévité, ses capacités d'adaptation au milieu, sa possible transposition iconographique.

Voyons cela de plus près. L'histoire, d'abord. La légende, telle que nous la connaissons au Québec, aurait fini par amalgamer les diverses formes présentes dès le Moyen Âge dans plusieurs provinces françaises et, la plupart, impliquant le diable. Elle tiendrait son nom d'un grand propriétaire terrien d'origine anglaise, installé en Poitou-Charentes, le sieur de Gallery, qui, bafouant les usages, se plaisait à chasser le dimanche. Une fois en enfer, il sera condamné à chasser, nuit après nuit, dans le ciel de la région, suivi d'une meute bruyante.

Transposée en Nouvelle-France où la chasse se pratiquait plus discrètement, la légende a transformé l'équipage français en canot d'écorce, vite devenu un moyen d'évasion vers le village pour les hommes retenus au chantier. Encore fallait-il qu'ils fassent un pacte avec le diable et acceptent un certain nombre d'interdits : ne pas boire, ne porter aucun signe religieux, ne pas prononcer le nom de Dieu ni celui des saints, éviter avec soin les clochers rencontrés. Les sorties réussies, généralement au moment de Noël ou du Jour de l'An, leur permettaient de retrouver leur fiancée et même de danser avec elle.

Honoré Beaugrand,
*La Chasse-galerie
et autres récits*,
édition critique
par François Ricard.
Montréal, PUM, 1989.

Un conte, c'est une histoire inventée. On peut aussi partir d'une vie d'une personne qui des fois existe, et on invente des morceaux, ou on prend un personnage inventé. Un conte, c'est pour les enfants, les adultes, les bébés. Il y en a d'action, des tristes, d'amour. Un conte, c'est une belle histoire qui finit toujours bien.

Charlotte, 9 ans

Fernand Grenier,
De Ker-Is à Québec/
Légendes de France
et de Nouvelle-France,
illustrées par Rémi Clark,
Québec, Éditions de
la galerie du Chien d'Or,
1990.

Jean-Claude Dupont,
Légendes de l'Amérique
française, Québec,
chez l'auteur, 1985.

C'est sous cette forme qu'Honoré Beaugrand a fait entrer la légende dans la culture savante. Son conte, «La Chasse-galerie», paru en 1891 et rapidement traduit en anglais, connut un succès sans précédent.

Dès 1900, il a donné lieu à une première illustration, celle d'Henri Julien. D'autres devaient suivre, inspirées tantôt par le conte de Beaugrand, tantôt par quelque chasse-galerie locale. À partir des années 1980, «La Chasse-galerie sur le village», «Les Jersiais en chasse-galerie», «Le survenant du mardi gras», qui met en scène une voiture à cheval, «Le diable en autobus», etc., de la série des «Légendes... », de Jean-Claude Dupont. Notons, dans ces deux derniers cas, la modification du véhicule...

La cohabitation culture savante et culture populaire est évidente. Qui dira où Claude Piché, en 1990, a puisé l'inspiration pour sa toile « La Chasse-galerie à Saint-Léandre » ? Peut-être chez Beaugrand, peut-être dans la tradition orale ? Et Rémi Clark qui, outre la légende de la Nouvelle-France, la « Chasse-galerie en canot d'écorce » a illustré la légende française « La Légende du sieur de Gallery »...

Robert Choquette, pour sa part, a fait un long poème de « La Chasse-galerie », dont voici les premières strophes :

**Robert Choquette
(1905-1991)**

Journaliste, auteur de textes pour la radio et la télévision, poète, romancier, diplomate, son œuvre a été récompensée de nombreux prix.

*Portrait anonyme,
vers 1930.*

> Au fleuve de la nuit, le long du vent,
> Sur les pins bleus gonflés de clair de lune,
> D'un bras égal et d'une âme commune
> Nageons, les gars, Satan est à l'avant !
> > Que le canot des infidèles,
> > Dont l'âme immortelle est en jeu,
> Garde un élan qui décourage les coups d'ailes
> Des plus puissants oiseaux de Dieu !
>
> Ô la nuit bleue et or ! Nageons, courbons le torse !
> L'eau lourde de la nuit, l'eau que nous déchirons
> Se hausse, coule aux flancs de la volante écorce
> Et murmure... Hardi, plongeons les avirons,
> Qu'ils remontent mouillés d'étoiles et de lune !
> > Le front penché, mordu de vent,
> > D'un bras égal et d'une âme commune
> > Ramons les gars, Satan est à l'avant* !

* Robert Choquette, *Œuvres poétiques*, t. I, Montréal, Fides, 1967.

Dans *Diableries érotiques*, Richard Ramsay** fait la preuve de la vitalité de la légende, avec une « dérive autour de la chasse-galerie » qui renverse la situation de la légende québécoise. Par exemple, la veille du Jour de l'An, ce sont les filles du village qui, empruntant le fameux canot volant, vont réconforter leurs hommes au fort Maurepas, près de la rivière Détroit. Et réconforter est un mot faible...

** Richard Ramsay, *Diableries érotiques, contes libertins du Québec*, Montréal, Point de fuite, 2002

HENRI JULIEN (1852-1908) ET LA CHASSE-GALERIE

Dessin à la plume
d'Henri Julien intitulé
Le canot d'écorce qui vole.
Musée du Québec.

La Chasse-galerie (1906),
huile sur toile
d'Henri Julien,
Musée du Québec.

Le dessin à la plume
d'Henri Julien a inspiré
le concepteur de l'étiquette
d'un produit de brasserie.

La Chasse-galerie : La Dégringolade.
Gravure d'Henri Julien parue dans
Le Monde illustré, vol. 18, n° 922,
28 décembre 1901.

Le conte de fées, qui au Québec est réservé aux enfants, semble être l'une des actualisations les plus fréquentes du conte merveilleux. Quelle en est l'origine dans le domaine français ?

S'il est difficile, pour ne pas dire impossible, de retracer l'origine du conte de fées traditionnel dans le domaine français, on peut par contre cerner assez facilement les débuts du conte de fées littéraire. À la toute fin du XVIIe siècle et au début du XVIIIe, une dizaine d'auteurs ont fait leur spécialité de récits merveilleux inspirés des romans de chevalerie, des recueils du XVIe siècle et de la tradition orale, mais dus pour l'essentiel à un imaginaire orienté vers le magique, l'extraordinaire, le mystérieux.

Les plus connus parmi eux, outre Charles Perrault, sont madame d'Aulnoy, madame de Murat, mademoiselle de l'Héritier, Jean de Mailly, Caylus. Ces conteurs avaient eu des prédécesseurs. Que sont les *Comptes amoureux*, de Jeanne Flore (XVIe siècle), sinon un long conte de fées où se bousculent dragons, palais magiques, épreuves de toutes sortes ? *Le Paradis de la reine Sybille*, d'Antoine de La Sale (XVe siècle), plein de merveilles, surtout dans sa seconde partie ? Et même Jehan de Paris (XVe siècle) qui, dans sa

Le conte est une histoire née de l'imaginaire, saupoudrée de fantastique. Il effraie, impressionne, ou mieux encore, il émerveille. Quelquefois il nous donne une leçon de vie, nous fait la morale. Finalement, je crois que c'est avec notre cœur d'enfant qu'on peut l'apprécier pleinement.

Danielle, 36 ans

Lai

Lai vient du mot celtique « llaid » qui veut dire « chanson ». À l'origine, le lai est « un très court récit parfois historique et héroïque mais plus souvent romanesque et dans lequel le merveilleux est étroitement lié à la réalité. » Le lai était destiné à être chanté – et à défaut de forme lyrique – à être déclamé selon un rythme convenu, accompagné le plus souvent à la harpe.

Laffont-Bompiani, *Dictionnaire universel des lettres*, Paris, S.É.D.E., 1961.

Tableau de l'histoire de l'Oiseau bleu

Planche gravée sur bois par Desfeuilles, à Nancy, et conservée à la Bibliothèque nationale de France (collection estampes et photographie).

Planche caractéristique de celles que diffusaient les colporteurs dans les campagnes. Elle raconte l'histoire en s'attachant à quelques scènes jugées essentielles. Ces tableaux imagés donnent une vision claire de la structure des contes et de leurs épisodes. Il est vraisemblable qu'ils servaient de canevas aux conteurs dans les veillées ou les rassemblements.

quête de l'infante, l'emporte sur le roi d'Angleterre grâce à son habileté à poser des devinettes ?

Plusieurs de ces contes se sont retrouvés dans la tradition orale. C'est le cas de « L'Oiseau bleu », de madame d'Aulnoy. Sans doute parce qu'il y a eu rencontre entre la version littéraire et une version populaire déjà bien ancrée dans la société, l'une comme l'autre devant d'ailleurs beaucoup à un texte très connu au Moyen Âge, « le lai d'Ywenec », de Marie de France. Dans ce **lai**, un prince amoureux se transforme en « autour », sorte d'oiseau de proie, pour avoir accès à sa belle enfermée dans une tour par un mari jaloux. Il se blesse sur des pièges que ce dernier, ayant fait épier sa femme, a fait installer. Il guérit et finit par épouser celle qu'il aime.

Quel enfant du Québec, du moins à une certaine époque, n'a pas entendu conter « L'Oiseau bleu » ? Or si l'on en croit le catalogue Delarue-Ténèze, la version orale très élaborée qui circule le plus ici comme en France n'est autre que celle de madame d'Aulnoy, avec toutes ses péripéties.

Rappelons-en l'histoire, mais auparavant, lisons-en le début :

« Il était une fois un roi fort riche en terres et en argent ; sa femme mourut, il en fut inconsolable. Il s'enferma huit jours entiers dans un petit cabinet, où il se cassait la tête contre les murs, tant il était affligé. On craignit qu'il ne se tuât : on mit des matelas entre la tapisserie et la muraille, de sorte qu'il avait beau se frapper, il ne se faisait plus de mal. Tous ses sujets résolurent entre eux de l'aller voir, et de lui dire ce qu'ils pourraient de plus propre à soulager sa tristesse. Les uns préparaient des discours graves et sérieux, d'autres d'agréables, et même de réjouissants ; mais cela ne faisait aucune impression sur son esprit : à peine entendait-il ce qu'on lui disait. Enfin se présenta devant lui une femme si couverte de crêpes noirs, de voiles, de mantes, de longs habits de deuil, et qui pleurait et sanglotait si fort et si haut, qu'il en demeura surpris. Elle lui dit qu'elle n'entreprendrait point comme les autres de diminuer sa douleur, qu'elle venait pour l'augmenter, parce que rien n'était plus juste que de pleurer une bonne femme ; que pour elle, qui avait eu le meilleur de tous les maris, elle faisait bien son compte de pleurer tant qu'il lui resterait des yeux à la tête. Là-dessus elle redoubla ses cris, et le roi, à son exemple, se mit à hurler.

« Il la reçut mieux que les autres ; il l'entretint des belles qualités de sa chère défunte, et elle renchérit sur celles de son cher défunt : ils causèrent tant et tant, qu'ils ne savaient plus que dire sur leur douleur. Quand la fine veuve vit la matière presque épuisée, elle leva un peu ses voiles,

Marie Catherine Le Jumel de Barneville, comtesse d'Aulnoy (1650-1705)

Les écrits les plus charmants de madame d'Aulnoy sont ceux qui conservent leur simplicité traditionnelle et leur fraîcheur poétique. Parmi ceux qui gardent la faveur des lecteurs, il y a *Le Nain jaune*, *La Belle aux cheveux d'or* et, surtout, *L'Oiseau bleu*.

et le roi affligé se récréa la vue à regarder cette pauvre affligée, qui tournait et retournait fort à propos deux grands yeux bleus, bordés de longues paupières noires*...»

* Paris, Garnier frères, 1978.

On l'aura compris : le roi l'épousa. Il avait une fille nommée Florine « qui passait pour la huitième merveille du monde ». Sa nouvelle épouse également, mais Truitonne, la fille de celle-ci, était d'une laideur désespérante. Commencent alors les brimades de la marâtre envers Florine, brimades qui culminent lorsqu'un prince voisin, le roi Charmant, s'annonce : il est en quête d'une épouse. Aussi est-ce en souillon que Florine est forcée de rencontrer le prétendant qui malgré tout en tombe amoureux et déclare la vouloir en mariage.

Florine est alors emprisonnée dans une tour. Truitonne prend sa place et il y a échange de vœux entre elle et le prince, qui croit avoir affaire à Florine. Pour le punir de refuser le mariage avec Truitonne, la marraine de celle-ci, la fée Soussiau, le transforme en oiseau bleu, transformation qui doit durer sept ans. Le prince désespéré vole jusqu'à la tour de Florine à qui il dévoile son infortune. Ils se voient régulièrement et sont heureux. Ce qui n'échappe pas à la mauvaise reine qui fait installer des instruments tranchants sur le rebord de la fenêtre qu'emprunte le prince. Il se blesse, est soigné par un ami et, grâce à la conspiration d'une bonne fée, retrouve sa forme.

L'histoire se précipite : il y a révolution au royaume de Florine, celle-ci est libérée et portée sur le trône laissé libre par la mort de son père. Mais la voilà sur la route à la recherche de son amour, qu'elle retrouve sur le point d'épouser Truitonne. Elle parviendra à lui rappeler son existence avec l'aide d'œufs magiques obtenus d'une vieille rencontrée en chemin, œufs dont elle échange le précieux contenu à Truitonne contre trois nuits dans le cabinet des échos du château. Florine et le roi Charmant se reconnurent, se marièrent et vécurent heureux. Quant à Truitonne, elle fut changée en truie. Le texte de madame d'Aulnoy, comme souvent à l'époque, se termine sur une longue moralité rimée.

L'une des caractéristiques des contes merveilleux du XVIIᵉ siècle, réunis dans *Le Cabinet des fées*, est le recul légèrement ironique que prend le narrateur-conteur par rapport à l'histoire racontée. Comme s'il faisait un clin d'œil à son lecteur, lui rappelant par un certain ton détaché, moqueur même parfois, que le conte qu'il lit n'est après tout qu'un conte... Une façon pour le récit de s'exhiber comme conte, pour le lecteur d'en retirer d'autant plus de plaisir qu'il peut courir en toute sécurité les plus grands dangers. Notons que le passage au conte pour enfants évacue le plus souvent cette dimension ludique. Ce qui n'est pas sans appauvrir le conte qui se trouve ainsi réduit à son côté tragique malgré une fin généralement heureuse.

Florine
Interprétation enfantine du personnage de Florine dans « L'Oiseau bleu ».

C'est connu : tant oral qu'écrit, le conte aime bien s'inscrire entre mensonge et vérité. Ce jeu, destiné à créer une complicité conteur/auditeur (lecteur), a aussi un rôle caché, celui de rappeler à qui risquerait de le prendre trop au sérieux qu'il est conte et que, comme conte, il relève d'abord de l'imaginaire et d'autant plus quand son propos porte sur un fait vrai. Comment expliquer ce paradoxe ?

L'inscription du conte entre mensonge et vérité constitue l'un des moyens les plus efficaces dont dispose le conteur pour entourer son récit de mystère. « J'ai assez sorti de bêtises aujourd'hui, dira l'un ; maintenant, je vais vous conter des choses de poids qui sont aussi vraies que le credo ou presque. » L'autre : « Si vous attendez un conte à dormir debout, vous serez joliment volé. L'histoire est vraie. Et ce n'est pas Petit Bescond qui dira le contraire puisqu'il habite sous terre depuis 1943, le pauvre. » Et cet autre encore, parlant à sa fille d'un visiteur à qui il se prépare à raconter une histoire tout à fait invraisemblable : « Il n'est pas de ceux qui prennent les histoires de vieux pour des fardondaines, je le vois bien. Mais ceci n'est pas un conte. C'est la vérité nue*. »

Pamphile Le May est exemplaire sur ce point. Son recueil de contes ne s'intitule-t-il pas de façon antithétique *Contes vrais* ? Et le jeu de véridiction de se poursuivre dans le corps de l'ouvrage aussi souvent que nécessaire pour garder son lecteur en haleine.

Comment s'y tromper devant le début du conte « Le bœuf de Marguerite » ? Le narrateur prend la parole : « Je commence par une petite histoire », mais c'est tout de suite pour s'appuyer sur quelqu'un de sérieux, son oncle Placide, à qui il la doit. Il insiste, l'oncle Placide ne ment jamais, même qu'il revenait de confesse quand il la lui a racontée. Mieux, il avait été jusqu'à déclarer d'un ton solennel : « C'est vrai comme je te vois là ! » Puis le narrateur de poursuivre pour ceux qui n'auraient pas déjà compris : « Et il me regarda fixement, tout en souriant d'une singulière façon. Il louchait, mon oncle. J'y songe. Il ne me voyait peut-être pas du tout. Son œil oblique devait tomber sur mon voisin. »

* Pierre-Jakez Hellas, *Les Autres et les Miens*, Paris, Plon, 1977.

Pamphile Le May, *Contes vrais*, édition critique par Jeanne Demers et Lise Maisonneuve, Montréal, PUM, 1993.

Le loup-garou n'est pas en reste. « Si je mens, c'est d'après Geneviève Jambette », déclare d'entrée de jeu le narrateur... Et cette Geneviève Jambette qui « racontait [des histoires] si vraies », elle ne fait que rapporter un événement vécu par son frère Firmin. « Satampiette, insiste-t-elle, c'est la pire vérité, demandez à Firmin. » Ce qui n'empêche pas le narrateur de lui prêter à la fin du conte la réflexion : « Vous allez me dire peut-être que vous ne croyez pas un mot de tout cela... », pour avoir le plaisir d'ajouter aussitôt : « Eh bien ! moi non plus. »

Cette façon de faire permet de lier étroitement le réel et la fiction, tout en exhibant la dimension ludique d'un conte efficace. Elle contribue surtout et plus qu'aucun autre procédé, à son côté jubilatoire. François Flahault a bien décrit le phénomène :

> « Affichant une souveraine indifférence à l'égard de la réalité, du savoir, de l'informationnel en général, les conteurs font passer au premier plan la jubilation qui naît d'un pouvoir propre à la parole : poser ce que la réalité, quant elle, refuse ; dire ce qui n'est pas. Certes, celui qui ment pour tromper, lui aussi dit ce qui n'est pas. Mais il cache qu'il ment, tandis que le conteur, en exhibant la fiction comme telle, souligne l'un des pouvoirs spécifiques du langage et fait de la non-vérité non plus un moyen au service d'intérêts particuliers mais une fin. La fiction n'est donc pas seulement plaisante par l'évasion qu'elle permet en

« Le loup-garou n'est pas en reste... »

substituant le dépaysement à la réalité ; elle l'est également dans la mesure où elle pose ce plaisir comme finalité légitime de la transaction inter-humaine que constitue son énonciation. La fiction donnée comme telle, de même que les manières de parler figurées, est avant tout une affirmation absolue de la présence et de l'existence du locuteur, de ses destinataires et de leur « être-ensemble* ».

* François Flahault,
*L'Interprétation
des contes*,
Paris, Denoël, 1988.

La distinction entre le conte oral et le conte écrit – considérant les limites de la transcription – rend maintenant possible une tentative de définition-description du conte. Celle-ci devra tenir compte de sa double identité formelle et de ses multiples actualisations. A-t-on ici une définition-description du conte qui soit systémique et pragmatique ?**

** **Systémique
et pragmatique**

Le qualificatif
« systémique » suppose
que l'on tienne compte
de tous les éléments qui
entrent en jeu pour former
un système. La notion
de système s'applique
ici au texte littéraire.

La pragmatique du texte
littéraire constitue
un élément du système ;
elle fait référence
à l'expérience en temps
réel du contage, soit
du contexte d'élocution
du conte, de
sa performance.

La définition-description du conte proposée ici s'appuie sur un triple pari : 1) oral ou écrit, le conte relève de l'art, donc de la littérature ; 2) le conte oral ne se réduit ni à sa transcription ni à l'histoire racontée ; 3) le conte littéraire n'existe comme conte que s'il emprunte à l'oralité.

Un pari triple ou trois hypothèses qui en supposent une autre : dans les deux cas, conte oral et conte écrit, on est généralement devant un texte littéraire, texte éphémère comme un *happening* dans le cas du conte oral, fixé par l'écriture à un moment précis dans l'autre cas. Ce texte doit comprendre tous les éléments d'un système pragmatique de contage et de transcription incluant des ajustements d'ordre esthétique, rhétorique et fonctionnel.

Imaginons que l'intégralité du texte du conte oral contienne un conteur, son auditoire, le contexte de contage et l'histoire racontée, tous éléments indispensables au conte. Où se situerait alors la transcription, sinon en continuité avec l'histoire racontée, dans le passage de la performance du texte dit vers le texte écrit.

Quant au conte littéraire – c'est-à-dire le texte écrit qui se veut conte – il doit faire appel à l'effet-conte, empruntant à l'histoire racontée son récit, retranscrit avec des caractéristiques orales et, parmi elles, le « Il était une fois ».

Cette approche systémique du conte demeure statique. Certes, elle rend compte de réalités comme le contexte de sa performance, le type de relation conteur-conté installé, tout en incluant le récit proprement dit. Mais, elle laisse de côté le déroulement dynamique du texte, que celui-ci soit oral ou écrit. Peut-on combler cette lacune ?

Il suffit d'imaginer la tension récit et relations langagières à partir d'un conte qui nous servira de métaphore. Dans l'histoire de Tibétains à l'écoute de chants épiques*, les auditeurs, selon les traditions de contage, assis autour d'une aire saupoudrée au préalable de farine d'orge grillée, finissent, dit-on, par percevoir sur celle-ci, tant est grand le pouvoir de la parole, les traces des sabots des chevaux dont il est question.

* Mircea Eliade, *Aspects du mythe*, Paris, Gallimard, 1963.

Eliade cite R. A. Stein, *Recherches sur l'épopée et le barde au Tibet*, Paris, Collège de France, 1959.

Que découvre-t-on alors ? Il y aurait dans tout conte trois grands mouvements. Le premier consisterait à éveiller l'intérêt de l'auditoire, grâce (mais au-delà aussi) à la formule introductive, que celle-ci soit le classique « il était une fois », quelque autre du genre « cric, crac, croc » ou un succédané emprunté à l'écrit. Grâce aussi, bien souvent, à la mise en scène que constitue le passage de la parole du narrateur au personnage-conteur.

Le deuxième mouvement ferait appel à la connivence conteur-conté sous toutes ses formes possibles : l'histoire elle-même, si elle est déjà connue de l'auditoire, certaines formulations partagées – proverbes, dictons, refrains de chansons – allusions à des faits ou à des lieux familiers, apostrophes de toutes sortes.

Le troisième mouvement, enfin – les traces des sabots des chevaux – doit tout à ce que Wayne C. Booth* a appelé le *showing*.

* Wayne C. Booth,
The Rhetoric of Fiction,
Chicago et Londres,
University of Chicago
Press, 1961.

Relève d'une mise en scène *(showing)* tout élément qui ajoute à la description et rapproche l'auditeur ou le lecteur de l'histoire racontée, l'y fait entrer même, comme dans cette description de la bourgade de Kozodoévké, empruntée à un conte de Cholem Aleichem, *Le Tailleur ensorcelé,* que l'on dirait sortie tout droit d'un film. Suivons bien le passage de la vue générale au détail des rues et de leurs boutiques jusqu'à la discussion en son centre, le marché, puis le retrait descriptif vers l'extérieur.

« [...] la bourgade Kozodoévké est loin d'être une métropole, comme il y en a sur tous les continents. Non, elle n'aspire pas si haut : elle s'étale tout entière devant vos yeux comme sur un plat. Voici les boucheries, les tripiers, leurs aides et les chiens-maison. Voici encore la place du Marché où les femmes en savates vont d'un paysan à l'autre pour soupeser les volailles.

— Combien, cette poule ?

— Quelle poule ? Ce n'est pas une poule, c'est un coq.

— Va pour le coq. Combien veux-tu pour la poule ?

« Il n'y a que deux pas à faire pour échouer dans la cour de la Maison de prières, au milieu d'une cohue de vieilles femmes penchées sur leurs baquets de poires naines, de graines de tournesol ou de haricots. Juste à côté, les pions sont occupés à dispenser la science sacrée aux gamins qui crient tous à la fois. Tout autour, des chèvres livrées à elles-mêmes gambadent et s'ingénient à chiper la paille des toits, tandis que d'autres se vautrent à même le sol, avançant leur barbichette, se chauffant au soleil et ruminant consciencieusement. Voilà l'établissement de bains publics, avec ses murs noirs et enfumés. Tout près coule la rivière : moisissure verte grouillante de sangsues, où les grenouilles coassent sans arrêt. L'eau brille au soleil, elle irradie des diamants, mais pue à faire frémir... Sur l'autre rive, il n'y a plus que la terre et le ciel. Ici prend fin la ville de Kozodoévké *. »

* Cholem Aleichem,
*Le Tailleur ensorcelé
et autres contes*,
Paris, Albin Michel, 1960.

Mais puisqu'il faut en venir à une définition verbale du conte qui englobe tous ses états, si nous tentions celle-ci :

« Ce n'est pas une poule,
c'est un coq. »

Est conte tout texte narratif relativement bref, oral ou écrit, qui met en relation langagière de type jubilatoire un conteur (une conteuse) et son auditoire et dont le propos porte sur un ou plusieurs événements, fictifs le plus souvent (mais qu'il faut donner comme vrais) ou d'un passé plus ou moins récent, que ces événements aient déjà été relatés ou pas.

Cette définition du conte permet-elle de distinguer, indépendamment de leur statut oral ou écrit, les différents types de contes : comiques, facétieux, fantastiques, merveilleux, poétiques, réalistes, etc. ?

* Le modèle du conte est inspiré par l'architexte de Gérard Genette : *Introduction à l'architexte*, Paris, Seuil, 1979.

Notre définition englobe le conte oral et le conte écrit qui se recoupent pour constituer l'Archiconte*. Ce modèle ne distingue toutefois pas les différents types de contes. Ce n'est d'ailleurs pas son rôle.

L'Archiconte serait un invariant. Tout conte réalisé se trouverait par rapport à lui, dans un rapport égal aux concepts de comique, de fantastique, de merveilleux, de poétique, de réalisme, de sentimental, de philosophique, de moral... Il se trouverait aussi en position soit de réalisation, de modification ou de transgression selon le vouloir et l'audace du conteur. Ces divers modes affectant à la fois le récit, la relation langagière et sans doute aussi les circonstances d'énonciation, le résultat ne peut qu'être différent.

** Karl Viëtor, *L'Histoire des genres littéraires / Théorie des genres*, Paris, Seuil, collection « Points », 1986.

« On obtient le type d'un genre littéraire donné grâce à l'examen d'ensemble de toutes les œuvres individuelles qui appartiennent à ce genre : le type est une abstraction, autrement dit, c'est la définition, le schéma conceptuel de ce qui, pour ainsi dire, fait la structure fondamentale (qui n'existe que sous la forme de particularités pures), la généricité du genre**. »

C'est ainsi que nous pourrions associer des archétypes à l'Archiconte : le conte merveilleux, quête d'un héros dans un ailleurs fabuleux, recherchant d'abord une rupture d'avec le réel ; le conte comique et le conte facétieux, prenant appui sur le rire et exigeant plutôt une harmonie conteur-conté de tous les instants ; le conte fantastique jouant de tous les procédés susceptibles de créer le suspense et la peur, etc.

La nouvelle est un genre écrit, par définition. En quoi se distingue-t-elle du conte littéraire avec lequel on la confond souvent ?

Entre conte littéraire et nouvelle, la confusion est fréquente. Elle remonte à l'ambiguïté de la *novella* du XVIe siècle et du « petit roman » du XVIIe siècle. Plus récemment, elle a été encouragée passivement par les écrivains eux-mêmes, qui titrent ou sous-titrent volontiers « contes et nouvelles » leurs recueils de récits brefs.

S'il importe peu au lecteur de connaître les différences entre les deux formes, celles-ci ne peuvent laisser indifférent le **poéticien** du conte. Autrement, comment arrivera-t-il à en cerner la spécificité ?

Poéticien

Analyste du conte qui en mesure la rhétorique, c'est-à-dire les procédés et les techniques qui lui sont propres.

Pour moi, un conte est un récit, une légende, une histoire qui tient du réel comme du fabuleux. Dans un conte, on s'abandonne sans contrainte, on se laisse aller sans but fixé à l'avance. C'est une promenade dans mon imaginaire et qui me laisse avec une saveur quelconque : peur, joie, aventure, tristesse, espoir, une leçon de vie, etc. Généralement, un conte m'amène à m'interroger sur mes rêves ou mes désirs inavoués. Dans un conte, toutes les fantaisies sont permises, même pour moi. Je peux m'identifier à un personnage du conte ou associer des personnes de mon entourage au récit. J'associe le mot conte à plaisir.

Francine , 51 ans

Le petit Poucet ramasse des cailloux au bord de la rivière

« Le petit Poucet se leva de bon matin et alla au bord d'un ruisseau où il emplit ses poches de petits cailloux blancs. »

Illustration de Gustave Doré pour « Le Petit Poucet », dans *Les Contes de Perrault*, Paris, Jules Hetzel, 1862.

Nul mieux que Jean Sgard n'a exprimé ces différences :

« Le nouvelliste laisse parler les faits ; le conteur parle seul. Il est la substance même de son récit*. »

Chose certaine, l'auteur d'une nouvelle n'a ni à s'impliquer ni à impliquer son narrateur. Seule compte la tranche de vie qu'il expose. Il n'a pas non plus à tirer quelque leçon que ce soit de cette tranche de vie. Elle est là,

* Jean Sgard, « Marmontel et la forme du conte », *De l'Encyclopédie à la contre-révolution : Marmontel*, études réunies par Jean Ehrard, Clermont-Ferrand, G. de Bussac, 1970.

voilà tout, révélatrice d'une époque et de la complexité de toute vie humaine. Aussi la nouvelle est-elle une forme ouverte, essentiellement problématique.

L'auteur de contes littéraires, pour sa part, s'engage tout entier dans l'histoire racontée, non plus par un simple narrateur mais par le truchement d'un narrateur-conteur ou d'un personnage-conteur doublé d'un auditoire, l'un et l'autre fictifs et plus ou moins apparents. Le message devient alors le *medium*, pour inverser l'heureuse formule de McLuhan.

De plus, ce message – le récit – lié à la parole du conteur, est clos. Il conclut l'événement ou la série d'événements par ce qu'on nomme le trait, avec ou sans moralité. Prenons garde toutefois d'en déduire que le conte littéraire est une forme fermée. Tout au plus la contrainte de sa clôture l'amène-t-elle à simplifier personnages, circonstances et actions au profit de la surprise finale, souvent un renversement complet de la situation. C'est pour le conte littéraire une façon de forcer sa relecture – un peu comme le fait le poème – multipliant ainsi son effet.

Bien que différents, le conte littéraire et la nouvelle relèvent tous deux de la culture savante. Comment ces deux formes se situent-elles par rapport à la culture populaire qui a donné naissance au conte ?

À propos du conte traditionnel, Jacob Grimm parlait de poésie de nature en lui opposant poésie d'art, une opposition qui avait déjà été soulignée par Montaigne :

> « [...] la poësie populaire et purement naturelle a des naïvetéz et graces par où elle se compare à la principale beauté de la poësie parfaicte selon l'art*. »

**Michel de Montaigne
(1533-1592)**

* Michel de Montaigne, *Essais*, Livre I, chapitre LIV.

91

André Jolles, pour sa part, choisira d'examiner les phénomènes de création ancienne et collective en les nommant formes simples. Il montre comment ces formes simples – légende, geste, mythe, devinette, locution, cas mémorable, conte et trait d'esprit – se sont développées à partir de ce qu'il appelle une disposition mentale donnée ; il montre aussi comment elles se sont actualisées dans le temps pour devenir des formes savantes.

Deux de ces formes simples touchent directement à la nouvelle et au conte littéraire : le cas, pour la nouvelle, et le conte oral traditionnel, pour le conte littéraire. Mais, d'abord, que faut-il entendre par formes simples et formes savantes ?

Jolles les définit l'une par l'autre :

> « Formes savantes, cela veut dire pour nous des formes littéraires qui sont précisément conditionnées par les choix et les interventions d'un individu, formes qui présupposent une ultime et définitive fixation dans le langage, formes qui ne sont plus le lieu où quelque chose se cristallise et se crée dans le langage, mais le lieu où la cohésion interne la plus haute est atteinte dans une activité artistique non répétable*. »

* André Jolles, *Formes simples,* traduit de l'allemand par Antoine Marie Bugnet, Paris, Seuil, 1972.

Bien qu'il soit toujours question de langage, les oppositions sont nettes : création collective ou création individuelle ; mobilité dans le temps ou fixation ; cristallisation multiple et changeante ou activité artistique unique, non répétable.

Revenons au cas. Le cas, ou récit d'un événement x, survenu à un ou des personnages y, dans des circonstances z, qui ne donne pas prise à un jugement de l'action proprement dite par rapport à des normes, mais qui rend problématiques les normes entre elles. Ne reconnaissons-nous pas la nouvelle telle qu'elle est décrite plus haut ? La nouvelle, forme savante du cas, qui correspond au « penchant humain [...] qui va au vrai et au naturel ». Le conte littéraire, forme savante, serait, lui, né du conte oral, forme simple. Il tenterait un équilibre entre « les deux penchants contraires de la nature humaine que sont le penchant au merveilleux et l'amour du vrai et du naturel ». Sa disposition

Le chat botté

« [...] Le marquis de Carabas fit ce que son chat lui conseillait, sans savoir à quoi cela serait bon. Pendant qu'il se baignait, le roi vint à passer, et le chat se mit à crier de toute ses forces :
— Au secours, au secours, voilà monsieur le marquis de Carabas qui se noie ! »

Illustration tirée de l'édition Garnier des œuvres de Perrault.

Le Loup et l'Agneau

La fable
de Jean de La Fontaine
admirablement illustré
par Jean-Baptiste Oudry,
en 1751.

Musée de Metz (France).

mentale, Jolles la nomme éthique de l'événement ou morale naïve, soit : « L'idée que les choses doivent se passer dans l'univers selon notre attente. » D'où toutes les histoires de démunis – le Petit Poucet, la Cendrillon et le Chat botté européens, les Ti-Jean acadien, ontarien ou québécois – qui voient leur sort s'améliorer et surtout se rétablir une certaine justice. Le pouvoir du conte, une fois de plus !

Le conte, dans sa forme brève, ressemble parfois à la fable. Qu'est-ce qui les différencie ?

Comme le conte, la fable remonte à la nuit des temps. Contrairement au conte toutefois, la fable ne semble pas avoir connu la forme simple, sinon, peut-être de façon embryonnaire dans le proverbe, création collective par excellence. Elle est entrée dans l'histoire, grâce au Grec Ésope, personnage à demi-légendaire des IVe et Ve siècles avant Jésus-Christ. Ésope qui aurait dit, rappelons-le, que la langue était la meilleure et la pire des choses... et qui l'a prouvé en écrivant ses fables à la morale ambiguë. Ésope qui devait devenir l'inspirateur de tous les futurs fabulistes.

La **fable**, dont la définition du dictionnaire ressemble à celle du conte, recoupe parfois les contes d'animaux. Du moins certains d'entre eux, car si un conte bien connu en France et au Québec comme « La chèvre et ses petits biquets » peut inciter les jeunes auditeurs à la prudence, il n'a pas d'abord le rôle initiatique que jouent souvent en Afrique et dans les pays d'origine africaine, les contes d'animaux. En Haïti, ce type de conte, que l'ethnologue Comhaire-Sylvain a fait connaître grâce à un ouvrage intitulé *Le Roman de Bouki**, met en scène les aventures de Bouki, la hyène et de Malice, le lièvre.

Ces contes d'animaux doivent-ils quelque chose à leurs ancêtres africains? Peut-être ont-ils subi quelques influences des missionnaires, par exemple, ou des marins? Les protagonistes Renart le goupil, Brun l'ours et Ysengrin le loup, dans *Le Roman de Renart,* présentent avec *Bouki et Malice* des ressemblances étonnantes.

La fable en vers ou en brève prose se distingue aisément du conte surtout quand la moralité est apparente, mais les choses ne sont pas toujours simples comme nous l'avons constaté face au petit conte « Savoir raconter ».

Les Fables intempestives**, d'Alain Etchegoyen, sont-elles contes ou fables? Bien malin qui prétendrait trancher! Ces courts récits allégoriques à la moralité discrète constituent autant de reflets d'une société soumise aux nouveaux pouvoirs que sont les technologies, les langues de bois de toutes sortes, les politiques menées par des intérêts personnels. D'ailleurs, qu'ils s'inscrivent à la frontière du conte et de

Fable

1. Court récit allégorique, en vers ou en prose, contenant une moralité. 2. Récit, propos mensonger : histoire inventée de toutes pièces.

Le Petit Larousse 2004.

* Suzanne Comhaire-Sylvain, *Le Roman de Bouki,* Montréal, Leméac, 1973.

** Alain Etchegoyen, *Les Fables intempestives,* Paris, Stock, 1996.

la fable n'est pas insignifiant. Pour une part, ils confirment la liberté de l'écrivain ; ensuite, ils pourraient faire la preuve que ces formes s'adaptent à la réalité qui leur donne vie et que celles-ci sont en perpétuelle mutation.

On dit parfois de certains romanciers qu'ils sont de bons conteurs, et d'un récit long qui se présente comme un roman, qu'il s'agit d'un conte. Comment expliquer cette apparente confusion entre deux genres que l'on sait pourtant différents ?

Dès que le narrateur d'un roman installe un contact direct avec son lecteur, sa lectrice, au lieu de se perdre avec ses personnages loin de lui, loin d'elle, par la psychologie et les aventures qu'il leur prête, il donne l'impression de conter. Et d'autant plus si ses personnages sont en quelque sorte transparents, c'est-à-dire qu'ils existent moins comme personne que comme type, à l'image du pauvre Candide, de Voltaire, convaincu que « tout est pour le mieux dans le meilleur des mondes », alors que s'acharnent sur lui les pires malheurs. Ajoutons soit un jeu de véridiction, soit un récit ironique débouchant l'un et l'autre sur la jubilation et nous nous retrouvons plus près du conte que du roman.

Un bon exemple de cette sorte de texte est le *Don l'Orignal*, d'Antonine Maillet. Présenté prudemment comme un « récit romanesque » dans la collection « roman acadien », ce texte a tout du conte : l'ironie souriante, la multiplication et le caractère baroque des aventures, l'allure épique de certains personnages, mécanique de certains autres, l'exagération des faits et des termes, une verve réjouissante et sans cesse renouvelée.

Trente-quatre chapitres suivis d'un épilogue le composent, chacun portant un titre à l'ancienne qui plonge le lecteur, la lectrice, dans une attente heureuse. Ainsi, chapitre 4, «Des loyaux et fidèles sujets de Don l'Orignal et de leur illustre origine»; chapitre 8, «Où est racontée la célèbre lutte de Michel-Archange avec le suppôt de Satan»; chapitre 20, «Où est rapportée l'oraison funèbre que prononça une petite île sur la dépouille de son tant loyal, tant aimable et tant regretté héros»; chapitre 31, «Où l'auteur de ce tant vrai, tant véritable et tant véridique récit révèle ses sources et expose ses méthodes pour prouver son absolue objectivité».

L'histoire de ce tant « vrai », « véritable », « véridique » récit – notons au passage le jeu de véridiction poussé à l'extrême – est simple :

« [...] un chef puissant, Don l'Orignal, au casque symbolique... »

un matin, les habitants d'un petit village de la côte découvrent, scandalisés, l'existence en face d'eux d'une île qui n'était pas là la veille, pour constater peu après que celle-ci est occupée par des Puçois. Un peuple « droit debout, les pieds bien enfoncés dans la terre [...], la poitrine bombée et le front fouetté par les quatre vents ». De quoi inquiéter les plus sages. D'autant que du jour au lendemain, ce peuple s'est transformé en vrai royaume avec ses grandes familles, ses grands noms, ses grands exploits, tout un passé héroïque que chante un barde; un chef puissant enfin, Don l'Orignal au casque symbolique. Intolérable! Aussi est-il décidé de le «mettre à sa place ». Tentative qui ne se fera pas sans mal pour les uns comme pour les autres. Le début du texte, déjà, donne le ton :

De l'étrange naissance d'une petite île
appelée à un grand destin

« Le long des côtes du pays que j'habite encore et qui se situe juste à côté du vôtre, avait surgi un bon matin, en pleine mer, en face d'un village dont l'orthographe ne m'est plus en mémoire, une espèce de tache jaune et qui avait toute l'apparence d'une baleine d'or.

« En voyant ce phénomène encore jamais survenu si près de leur pays, les gens de la terre ferme se pressèrent sur la rive dès que l'alarme fut donnée et y passèrent la matinée dans la plus profonde contemplation. Puis à midi, la mairesse frissonna, agita son chignon emplumé, et déclara le fond de sa pensée en face du bourg rassemblé.

— C'est une île de foin, dit-elle.

« Aussitôt le barbier, la chapelière, le marchand, le maître d'école, le banquier, la sœur hospitalière et les enfants avancés en âge, se déraidirent et leur extase s'évanouit.

— Ce n'est qu'une île, se passa-t-on de bouche en bouche, une île de foin.

« Et chacun retourna à son négoce, ou à son état de vie, renvoyant l'île de foin à la mer qui l'avait mise au monde. »

Que nous apprend une brève analyse de ce passage ? Le « je » du narrateur-conteur établit le contact en s'adressant à son lectorat – « le vôtre ». Ni le pays ni le village ne sont nommés, une autre caractéristique du conte qui se situe toujours quelque part, hors du réel. Il y a mystère – l'apparition d'« une espèce de tache jaune » – et merveille, cette tache a « toute l'apparence d'une baleine d'or ». Suit la stupeur des « gens de la terre ferme » interrompue par la profonde réflexion (!) de la mairesse, à midi juste, comme par hasard, réflexion à l'origine d'un véritable mouvement d'horlogerie qui donne vie aux automates que sont « le barbier, la chapelière, le marchand [...] ».

Et que dire de cet autre passage, sinon que la jubilation y atteint son apogée ?

« Je raconterai un jour cette lutte avec l'ange qui avait failli compromettre le salut de l'Île-aux-Puces. Mais d'autres faits de gloire attendaient notre héros qui se tenait là, nouveau Don Quichotte, tout prêt à venger les faibles, redresser les torts, semer le vent pour récolter la tempête, déshabiller saint Paul pour habiller saint Pierre, faire des omelettes sans casser les œufs, faire ce que doit, advienne que pourra. Et par-dessus tout, la grande maxime de Michel-Archange, écuyer du roi, était écrite en lettres d'or sur l'écusson familial : le vin est tiré, il faut le boire*. »

Photo : Guy Dubois, DR.

* Antonine Maillet,
Don l'Orignal,
Montréal, Leméac, 1972.

L'Histoire de Pi, de Yann Martel, est un autre excellent exemple d'un texte qui en sous-titre se dit roman, mais se déroule en fait à la façon d'un conte. Tout y est : un véritable héros qui survit deux cent vingt-sept jours perdu en mer et dont le nom – Piscine Molitor Patel simplifié en cours de route en Pi Patel – est dans les deux cas pour le moins fantaisiste ; le fait que le narrateur, en bon conteur, relate une histoire qu'il tient de quelqu'un d'autre ; l'abondance des épisodes pour ne raconter jour après jour que le terrible quotidien : dans la barque de sauvetage, Pi partage un espace vital limité avec des animaux dangereux ; du merveilleux enfin et une terreur extrême lors de ce séjour presque magique dans l'île aux algues.

Quant au jeu de véridiction, il est particulièrement réussi... et remarquez ce « vous » si typique de conte...

* Yann Martel,
L'Histoire de Pi,
traduit de l'anglais par
Nicole et Émile Martel,
Montréal, XYZ éditeur,
2003.

> « J'ai fait une découverte botanique fabuleuse. Il s'en trouvera plusieurs pour ne pas croire l'épisode que je vais raconter. Je vous en fais néanmoins le récit parce que cela fait partie de l'histoire et parce que ça m'est arrivé*. »

Le doute est semé. Et si toute l'histoire n'était que pure invention ? Si Pi s'était retrouvé en fait avec d'autres naufragés et non avec le zèbre, la hyène, l'orang-outan femelle, le tigre royal ? Il y a bien l'existence-témoin à Toronto du vrai héros, celui qui a vécu les événements et pourrait les confirmer. Mais il y a aussi ce souvenir d'enfance traumatisant : la petite chèvre mangée par un tigre en guise de leçon de prudence donnée par le père. Et, à entendre Pi s'obstiner à offrir des biscuits aux deux enquêteurs japonais, on peut se demander s'il a encore toute sa tête... À moins qu'il ne se paye la tête de ses interlocuteurs, donc, la nôtre.

Don l'Orignal et *L'Histoire de Pi* peuvent être lus comme des contes philosophiques. *Don l'Orignal* se termine sur ces mots : « Godèche de hell, tout de même ! » Mais se termine-t-il vraiment ? Ne demeure-t-il pas plutôt éminemment ouvert à de multiples interprétations ? Une politique que suggère, entre autres, ce commentaire du narrateur :

> « Car rien ne se peuple aussi vite qu'une île isolée, ingrate et négligée de tous, les bonnes terres

demeurant de droit le lot des gens de classe, de cette race rare et clairsemée qu'on appelle si scrupuleusement l'élite*. »

* Antonine Maillet,
Don l'Orignal,
Montréal, Leméac, 1972.

Interprétation que confirment d'autres récits plus clairement acadiens d'Antonine Maillet où l'on trouve également une île aux puces et à côté d'une « race d'élite dont l'avenir est assuré dans toutes les compagnies d'assurance-maladie, assurance-accident, assurance-vol, assurance-vie, assurance-éternité, une race équivoque ».

L'Histoire de Pi est, elle, pleine d'enseignements. Annoncée au narrateur par celui qui a vécu les événements comme « une histoire qui va vous faire croire en Dieu », elle parle de tolérance envers les diverses religions, de paix dans le monde, des animaux qui sont nos frères et auxquels nous ressemblons par de multiples aspects, de communication non verbale, de la nature et de sa beauté. Du formidable instinct de survie enfin et de la mort

Un conte, c'est une histoire qui permet d'attirer l'attention des enfants. Dans les contes, il y a des demi-vérités et certaines personnes peuvent y croire. De là naissent des illusions, des idéaux, même des religions et des sectes, comme si le conte devenait la justification de combats et de guerres.

Un conte devrait tirer vers le vrai. Je me revois assis sur les genoux de ma mère qui nous parlait du diable et de l'enfer. Dès quatre ans, je lui demandais si cela était vrai... ; elle ne m'a jamais répondu ! Il faut faire attention aux histoires et aux contes. Certains ont provoqué de grands massacres.

Jean-Louis, 77 ans

inévitable. Comme si elle faisait le tour d'une humanité devenue soudain généreuse et terriblement lucide.

On confond souvent conte et légende, comme s'il s'agissait d'un seul et même phénomène. À tort ou à raison ?

Le conte est une forme, une manière très spéciale de transmettre une histoire. La légende est un contenu qui peut emprunter toutes sortes de formes. Rappelons le sort multiple d'une légende comme la chasse-galerie. Mais c'est par le conte de type merveilleux qu'elle est le plus souvent transmise, d'où la confusion entre le conte et la légende, encouragée par certains auteurs qui titrent ou sous-titrent parfois leurs recueils « contes et légendes ».

Cela dit, le mot « légende » a pris ces dernières années un sens nouveau. C'est ainsi qu'on traitera volontiers de « légende vivante », tel ou tel artiste, tel ou tel sportif « plus grand que nature ». Preuve que la légende existe toujours comme forme simple. Elle est créée de toutes pièces par l'imagination populaire à partir de faits réels, grossis ou même inventés.

À l'origine, la légende ne s'intéressait, à la suite des très connus *Acta sanctorum,* qu'à des vies de saints exceptionnelles. Le mot français « légende », du latin *legenda,* « à lire » ou mieux « qui doit être lu », dans le sens de lecture édifiante, est apparu au XIIIe siècle avec *La Légende dorée (Legenda aurea),* de l'évêque Jacques de Voragine. Puis, au fil du temps, devenue profane, elle s'est élargie à tout événement extraordinaire, ce dernier se faisant de plus en plus étonnant, de plus en plus mystérieux, au fur et à mesure qu'il s'éloignait de son occurrence réelle. Résultat :

La Légende dorée

La Légende dorée, de Jacques de Voragine : page compartimentée tirée du manuscript original. Document conservé au département des manuscripts de la Bibliothèque nationale de France, à Paris.

La Légende dorée comprend cent soixante-dix-sept chapitres consacrés chacun à la vie d'un saint ou à une fête de l'Église catholique ; mais les « vies » sont, en réalité, des recueils d'anecdotes sur les vertus, les miracles ou le martyre du saint, toutes légendes qui inspirèrent les prédicateurs et donna aux esprits les plus simples un aliment poétique tout au long des XIᵉ et XIIᵉ siècles.

Source : Laffont-Bompiani, Dictionnaire universel des lettres, *Paris,* S.É.D.E., 1962.

nos belles histoires de dame blanche, de loups-garous, de diable beau danseur...

On parle de plus en plus de la légende urbaine, que l'on associe volontiers au conte. Peut-on tenter d'en cerner la réalité et le fonctionnement ?

La légende urbaine est un sous-produit de la légende proprement dite. À l'image de cette dernière, elle est un récit collectif qui mêle le vrai et le faux. Elle n'est pas éloignée de la rumeur, dont on sait qu'elle se gonfle à une vitesse d'autant plus grande que, de nos jours, elle se propage souvent par Internet. On prétendra, par exemple, que des écoliers britanniques sont victimes d'agressions au rasoir ; qu'un couple de Blancs d'Afrique du Sud a donné naissance à un enfant noir ; qu'une famille, tantôt luxembourgeoise, tantôt bordelaise, s'est cachée dix jours dans sa cave pour faire croire à un départ en vacances, etc.

L'une de ces légendes urbaines, qui court toujours, est reprise dans un conte de Pamphile Le May, « Sang et or », le quatrième et dernier de sa série « La Maison hantée ». Il s'agit du fils assassiné par des parents cupides qui ne le reconnaissent pas dans le riche voyageur inscrit à leur auberge. Elle serait originaire d'Europe centrale.

La légende urbaine est toujours inquiétante. Ainsi celle, récente, née aux États-Unis, qui veut que des écoliers, des

« Il prit son marteau... »

Illustration de Georges Delfosse pour « La maison hantée » dans les *Contes vrais* de Pamphile Le May.

« Il prit son marteau et [...] se rendit dans la chambre du voyageur. »

écolières s'échangent des faveurs sexuelles dans la cour d'école, en signalant leur désir ou leur disponibilité à telle ou telle pratique, par le biais de bracelets codés.

Même la légende si connue au Québec du diable beau danseur a pu être influencée par une légende urbaine. Les événements à l'origine de celle-ci se seraient passés le jour du Mardi gras de 1875, dans une auberge près de Dantzig. La légende qui a circulé par la suite ressemble à s'y méprendre aux versions du conte que nous connaissons. On l'a comparée aux faits qui l'auraient déclenchée : à minuit juste, l'orchestre avait remplacé les airs de danse par une musique religieuse – pour constater qu'ils avaient été modifiés dans l'imagination populaire de façon à recouper la légende traditionnelle, très vivante à l'époque.

Comme quoi, alors même que l'on croit mettre le doigt sur l'origine d'une légende ou d'un conte, force est d'admettre que l'on en est réduit aux conjectures...

Véronique Campion-Vincent et Jean-Bruno Renard, *De source sûre. Nouvelles rumeurs d'aujourd'hui*, Paris, Payot, 2002.

Jean-Bruno Renard, *Rumeurs et légendes urbaines*, collection « Que sais-je ? » Paris, PUF, 1999.

Il est une forme de conte qui le met en danger d'inexistence : le conte sornette. En quoi consiste cette forme relativement rare ?

Le conte sornette englobe, en les débordant, les contes que le catalogue Delarue-Ténèze présente sous la rubrique contes énumératifs. À l'image de ces derniers, il a comme principale caractéristique de bloquer le récit, d'en empêcher le déroulement. Les contes énumératifs, à la limite sans fin, y arrivent en enfilant une suite d'événements qui n'aboutissent jamais. Ainsi :

> « Le fermier appelle le boucher qui ne veut pas tuer le bœuf qui refuse de boire à la rivière, etc. »

Ces contes (en sont-ils vraiment ?) relèvent uniquement de l'oralité et jouent souvent un rôle de comptine ou de chanson. Le conte sornette est plus sophistiqué : le récit a lieu virtuellement mais tourne en rond, donc tourne court. Jean Paulhan en rappelle un exemple connu de tous.

> « Dans les montagnes de la Calabre, les brigands étaient rassemblés : Beppo, dit le chef au jeune pâtre, raconte-nous donc une de ces histoires que tu sais si bien raconter. Beppo, comme tous les bons conteurs, se fit un peu prier. Puis il commença en ces termes : Dans les montagnes de la Calabre, les brigands étaient rassemblés... »

Et Jean Paulhan de commenter :

* Jean Paulhan, *Les Incertitudes du langage*, Entretiens à la radio avec Robert Mallet, Paris, Gallimard, coll. « Idées », 1970.

> « Vraiment tout y est : le pittoresque du lieu, le pittoresque des hommes, l'aventure imminente. Le lecteur se sent comblé. Pourtant l'histoire, par suite d'un léger défaut dans les premières phrases, tourne court, est condamnée à se répéter sans fin*. »

À partir du moment où le récit second, au lieu de déboucher sur une aventure autre, revient à ce qui l'a déclenché, soit le début du récit premier, rien ne peut plus l'arrêter. Dans une sorte de mise en abyme absolue, le récit se répétera à l'infini, il piétinera, prisonnier de sa structure monstrueuse, multipliant sans cesse montagnes, brigands et conteurs impuissants. Inquiétant, n'est-ce pas ? Et terriblement frustrant...

Le récit n'a pas lieu et pourtant il y a conte. Se pourrait-il que le conte sornette fasse la preuve par neuf que le récit, l'histoire véhiculée par le conte, importe moins que la relation langagière conteur-conté, confirmant ainsi la définition de l'Archiconte dans son mode transgressif.

Il y a conte dans cet autre texte, littéraire celui-là, qui relève bien de la sornette, « Julie* », de Réal Benoît. Le lecteur, abordé pourtant par un « Une fois » significatif, verra son attente d'histoire déçue tout au long des quelques huit pages que dure le conte. Toutes les ressources de l'écriture sont mises à profit – interrogations, scénarios divers, digressions, etc. – par un auteur-conteur impertinent qui poussera l'audace jusqu'à terminer son absence de récit par ce commentaire : « Mais le ferais-je jamais ? »

* « Julie », dans Réal Benoît, *Nézon*, contes illustrés par Jacques de Tonnancour, Montréal, éditions Parizeau, 1945.

Et que dire de ce délicieux petit conte de Michel Tremblay tiré de ses *Contes pour buveurs attardés* ? La parole est au troisième buveur ; le titre du conte : « Sidi bel Abbes ben Becar » :

> « J'aimerais bien vous raconter l'histoire de Sidi bel Abbes ben Becar, l'Arabe qui avait trouvé le moyen de fertiliser les déserts ; mais avant sa mort, il m'a fait jurer de ne jamais rien dévoiler de sa vie ni de ses secrets, et je dois me taire. Mais avant de partir pour les mers lointaines, je voudrais quand même vous dire que lorsque vous verrez des arbres géants recouverts de fruits pousser au milieu des déserts, lorsque vous verrez les déserts eux-mêmes disparaître à jamais, alors vous pourrez danser en chantant : Alléluia ! Sidi bel Abbes ben Becar est de retour. C'est tout ce que je peux vous dire, mais croyez-moi, Sidi bel Abbes ben Becar reviendra, il me l'a dit. »

Ce conte n'est que parole, pur discours. Le récit ne se déploie pas. Il n'existe qu'au degré zéro. Comme texte, on peut tenter de l'analyser, de l'interpréter... Il nous semble,

Vladimir Iakovlevitch Propp (1895-1970)

Le folkloriste russe inaugura l'analyse structurale du conte dans sa *Morphologie du conte* publié en 1928. Propp y consacra deux autres écrits importants : *Les Transformations du conte merveilleux* et *Les Racines historiques des contes populaires*.

* Vladimir Propp, *Morphologie du conte*, Paris, Seuil, coll. « Poétique », 1965.

par contre, échapper complètement au modèle explicatif du conte proposé par Vladimir Propp et à ses adaptations plus récentes.

On ne peut aborder le conte sans s'intéresser au modèle explicatif qu'en a proposé le folkloriste Vladimir Propp. C'est devenu un classique du conte. Quel est ce modèle ?

Nous sommes au début du XXe siècle. Très tôt dans ses recherches sur le conte, le Russe Vladimir Propp constate que les classifications existantes (celles de Miller, Afanassiev, Wundt, Volkov, etc., et, finalement, celle pourtant encore utile d'Antti Aarne que devait élargir Stith Thompson) diffèrent les unes des autres. Comment aurait-il pu en être autrement ? « L'étude du conte était abordée surtout dans une perspective génétique, écrit Propp, et dans la plupart des cas, sans la moindre tentative de description systématique préalable. » La solution ? « Avant d'élucider la question de l'origine du conte, [...] il est évident qu'il faut savoir ce qu'est le conte. »

Convaincu qu'aucun « catalogue des procédés formels de l'art du conte » n'y arrivera, il s'attelle à la tâche de découvrir les lois de sa structure. Son corpus : cent contes de fées russes. Le résultat de ses travaux parut, en 1928, sous le titre *Morfologija skazki* qui deviendra, beaucoup plus tard, en français, *Morphologie du conte**.

Propp y établissait un modèle du conte merveilleux qui fera école et dont devait s'inspirer la recherche subséquente sur le récit. Pour Propp qu'étonnait le double aspect du conte merveilleux, sa « diversité, son pittoresque haut en couleur, et, d'autre part, son uniformité non moins extraordinaire, sa monotonie », seules comptent, du moins

Les fonctions de Vladimir Propp

Prologue qui définit la situation initiale
(ce n'est pas encore une fonction).

1. Un des membres d'une famille est absent du foyer
   (désignation abrégée de cette fonction : *absence*).
2. Une interdiction est adressée au héros
   (interdiction).
3. L'interdiction est violée
   (transgression).
4. Le méchant cherche à se renseigner
   (demande de renseignement).
5. Le méchant reçoit l'information relative à sa future victime
   (renseignement obtenu).
6. Le méchant tente de tromper sa victime pour s'emparer de
   lui ou de ses biens
   (duperie).
7. La victime tombe dans le panneau, et par là aide involontairement son ennemi
   (complicité involontaire).

Les sept premières fonctions constituent un ordre préparatoire.
L'action proprement dite se noue avec la huitième fonction qui
revêt alors une grande importance.

8. Le méchant cause un dommage à un membre de la famille
   (méfait).
9. On apprend l'infortune survenue. Le héros est prié ou
   commandé de la réparer
   (appel ou envoi au secours).
10. Le héros accepte ou décide de redresser le tort causé
    (entreprise réparatrice).
↑ Le héros quitte la maison
   (départ).
12. Le héros est soumis à une épreuve préparatoire à la réception
    d'un auxiliaire magique
    (première fonction du donateur).

Classification des contes merveilleux russes selon Propp

Estimant que toute étude génétique et sémantique du conte nécessite d'abord son analyse morphologique, Propp a étudié les contes merveilleux traditionnels, dans lesquels il a vu le jeu de « variables » (les noms et les attributs des personnages) et de « constantes » (les fonctions qu'ils accomplissent). Au terme de son analyse, il conclut que le conte merveilleux obéit à une structure unique et établit une liste de trente et une « fonctions » qui s'enchaînent dans un ordre identique, même si elles ne sont pas toutes présentes dans chaque conte. Organisées en deux séquences, à partir d'un manque ou d'un méfait initial jusqu'à sa réparation finale, ces fonctions constituent le schéma du conte merveilleux russe, et probablement, pensait-il, du conte merveilleux en général.

Source : Dictionnaire de la littérature, *Paris Bordas, 1987.*

13 Le héros réagit aux actions du futur donateur
(réaction du héros).

14 Un auxiliaire magique est mis à la disposition du héros
(transmission).

15 Le héros arrive aux abords de l'objet de sa recherche
(transfert d'un royaume dans un autre).

16 Le héros et le méchant s'affrontent dans une bataille en règle
(lutte).

17 Le héros reçoit une marque ou un stigmate
(marque).

18 Le méchant est vaincu
(victoire).

19 Le méfait est réparé
(réparation).

↓ Retour du héros

21 Le héros est poursuivi
(poursuite).

22 Le héros est secouru
(secours).

23 Le héros incognito gagne une autre contrée ou rentre chez lui
(arrivée incognito).

24 Un faux héros prétend être l'auteur de l'exploit
(imposture).

25 Une tâche difficile est proposée au héros
(tâche difficile).

26 La tâche difficile est accomplie par le héros
(accomplissement).

27 Le héros est reconnu
(reconnaissance).

28 Le faux héros ou le méchant est démasqué
(découverte).

29 Le héros reçoit une nouvelle apparence
(transfiguration).

30 Le faux héros ou le méchant est puni
(châtiment).

31 Le héros se marie et/ou monte sur le trône
(mariage).

dans un premier temps, les fonctions des personnages, leurs actions, définies en s'appuyant sur leur signification dans le déroulement de l'intrigue. Aussi fallait-il les isoler et les nommer. Elles représentent les parties fondamentales du conte, les invariants ; les personnages et leurs attributs, différents d'un conte à l'autre, en constituent les parties variables.

Au nombre de trente et une – éloignement, interdiction, transgression, tromperie, etc. – ces fonctions, qui forment souvent la paire, suivent toujours le même ordre, de la situation initiale à la fin du récit, mais n'ont pas toutes à apparaître dans chaque récit. Par contre, elles se trouvent imposer un rôle à chacun des sept personnages types que sont l'antagoniste (l'agresseur), le donateur, l'auxiliaire, la princesse ou son père, le mandateur, le héros, le faux héros. D'où la double définition que donne Propp du conte : « ... un récit construit selon la succession régulière des fonctions citées dans leurs différentes formes » et « des contes qui suivent un schéma à sept personnages », étant bien entendu, précise-t-il, que cette double définition ne s'applique pas aux « contes créés artificiellement ».

Un conte, c'est une histoire racontée de vive voix, sur un ton de mystère, qui attise la curiosité et provoque l'émerveillement de la personne qui écoute. Il présente un caractère énigmatique qui fait découvrir peu à peu une leçon de vie. Sa finalité est que cette leçon soit applicable à la vie réelle mais son entrée de jeu doit être irréaliste, pour maximiser et maintenir l'intérêt. C'est donc un genre pédagogique.

Line, 51 ans

Le modèle mis au point par le folkloriste russe est fonctionnel et linéaire. Comment se situent, par rapport à lui, l'Archiconte proposé dans le présent ouvrage ainsi que les modifications qu'il subit selon les types de contes ?

Outre le fait qu'il n'aborde que le conte merveilleux et non le conte en général, le double modèle de Propp se limite au déroulement du récit proprement dit. Il met ainsi de côté la performance langagière qui constitue la spécificité du conte.

Il n'y a pas lieu de s'en étonner. Au-delà du fait que les travaux de Propp remontent à plus de trois quarts de siècle, son approche est celle d'un folkloriste, d'un ethnologue. Ce qui l'intéresse, c'est ce qui intriguait les folkloristes et les ethnologues de son temps : quelle est l'origine des contes ? D'où viennent-ils ? Comment expliquer qu'ils se ressemblent à quelques variantes près, alors qu'on les recueille dans des contrées aussi éloignées les unes des autres que la Russie, l'Europe, les pays d'Orient ? Et c'est pour répondre à ces questions qu'il a voulu décrire le conte, les regroupements par sujets qui avaient alors cours ou même ceux, plus efficaces, par motifs (Veselovsky, Bédier) ne le satisfaisant pas, parce que sources de toutes les ambiguïtés.

Des chercheurs plus près de nous, comme le folkloriste Alan Dundes dont le corpus est nord-amérindien ou la Française Denise Paulme qui a analysé des contes africains, ont utilisé avec profit les fonctions de Vladimir Propp pour comparer entre eux des contes provenant de diverses ethnies (voir encadré, page suivante). Ainsi ont-ils pu démontrer que les modifications constatées d'une version à une autre révélaient des différences culturelles liées au climat, à la situation géographique, historique, politique. Mais leur approche est toujours celle d'ethnologues qui examinent des récits appartenant à un passé plus ou moins récent, pour pénétrer les secrets des communautés dont ils émanent.

Pour sa part, l'approche proposée dans le présent ouvrage est littéraire. Elle prétend saisir de façon globale le conte dans sa réalité actuelle de texte vivant, que ce dernier soit oral – traditionnel ou non – ou écrit et alors littéraire, au moins dans les intentions de son auteur. Aussi va-t-elle au-delà du projet de Propp, qu'elle se trouve inévitablement intégrer, compte tenu de la présence, dans tout conte, d'une histoire. Elle se situe en marge de la recherche actuelle, le postulat qui la sous-tend – le contenu du conte, l'histoire rapportée, importerait moins pour cerner son identité, que l'acte même de sa transmission – n'ayant rien à voir avec la

Michèle Simonsen,
Le Conte populaire français,
Paris, PUF, 1981.

Les fonctions de Dundes

Alan Dundes a tenté d'appliquer la méthode de Propp à un corpus de contes amérindiens considérés auparavant, par la plupart des folkloristes, comme inférieurs aux contes indo-européens, mal structurés, informes et vides. Ce faisant, il confirmait les principes fondamentaux de la démarche de Propp et contribuait à radicaliser celle-ci sur deux points essentiels : d'abord Dundes définit soigneusement trois concepts (le motifème, l'allomotif et le motif) ; puis il distingua, parmi les trente et une fonctions de Propp, des fonctions plus générales sous lesquelles toutes les autres fonctions pourraient se regrouper.

Ainsi, Dundes a permis d'appliquer l'analyse structurale à une grande variété de contes autres que les contes merveilleux russes. Bien des contes indo-européens, qui ne peuvent être lus par la lunette de Propp, peuvent être parfaitement analysés à l'aide des fonctions moins nombreuses de Dundes. En réduisant les fonctions de Propp à un plus petit nombre de fonctions générales, Dundes a contribué à faire avancer les recherches narratologiques, portant sur tous les types de récits, quels qu'ils soient.

D'après Michèle Simonsen, *Le Conte populaire français*.

question des origines du conte. Rien à voir non plus avec une quelconque classification.

Il n'est pas défendu toutefois de penser qu'un pont puisse un jour être installé entre l'Architconte qui privilégie la relation conteur / conté et le modèle fonctionnel, linéaire, de Propp. Ce dernier modèle, simplifié et adapté, a déjà servi de base à certains structuralistes (Greimas, Todorov, Bremond) pour l'analyse du récit. On n'a certainement pas épuisé tous ses possibles. Ceux de l'Architconte non plus, qui en est encore à ses débuts.

Quant à la mise sous tension des trois grands mouvements – éveil de l'auditoire avec un « Il était une fois... », la connivence conteur-conté, la mise en scène *(showing)* – en fonction de l'effet que veut produire le conteur : faire rire, faire peur, attendrir, etc., elle a surtout une portée **heuristique**. En l'établissant, tout au plus souhaitait-on comprendre les forces en jeu – les mécanismes mêmes, dans la mesure du possible – lorsque le conte, sans cesser d'être conte, passe du facétieux au fantastique, du réalisme au philosophique, du merveilleux au poétique, etc.

Sauf exceptions (Charles Perrault, par exemple, ou Joseph Bédier), les littéraires ont longtemps boudé le conte le considérant comme un art mineur et l'abandonnant volontiers à la curiosité des folkloristes, des linguistes et des ethnologues. Quant aux historiens, ils ne s'y intéressent que depuis peu. Quelle forme prend cet intérêt ?

C'est en étudiant les fabliaux, ces petits récits à rire, en vers, du milieu du Moyen Âge, que le médiéviste Joseph Bédier s'est intéressé au conte oral. Le rapprochement lui paraissait s'imposer : dans les deux cas, on avait affaire à

Heuristique

Ce qui a une utilité dans la recherche, notamment la recherche scientifique et épistémologique ; qui aide à la découverte. *Hypothèse heuristique.* Science des règles de la recherche scientifique et de la découverte ; qui lui est relatif.

Sources : Larousse et Multidictionnaire de la langue française.

des structures toujours semblables quel qu'ait été le sujet traité ; la structure étant seulement plus élaborée pour le conte. Devait inévitablement surgir alors la question de l'origine de l'une et l'autre forme :

> « En myriade de molécules, il flotte dans l'air, le pollen des contes. D'où est issue cette poussière féconde ? S'est-elle détachée de différentes souches ? ou de la même, unique et puissante ? En ce cas, en quel sol, en quel temps, s'est épanouie la fleur-mère* ? »

Question qui devait déboucher sur une constatation négative, soit l'impossibilité de faire la démonstration de quelque origine que ce soit – aryenne, indienne ou autre – du conte : trop de paramètres manquaient et manqueraient toujours.

Est-ce cette conclusion qui a rendu discrets les historiens ? On peut certainement en faire l'hypothèse... Mais ils ont vite compris que si une histoire du conte était utopique, on pouvait en revanche et sans prétendre remonter jusqu'à une origine, qui de toute manière demeurerait incertaine, suivre dans un milieu et une période donnés, certains contes-types. En faire l'histoire, en somme. Catherine Velay-Vallantin l'a démontré en examinant les parcours français des contes suivants : « La Barbe-Bleue », de Charles Perrault, « La fille aux mains coupées », anonyme du Moyen Âge, « La Vénus d'Ille », de Prosper Mérimée, « Geneviève de Brabant », anonyme du Moyen Âge, « Marmoisan ou l'Innocente Tromperie », de Marie-Jeanne L'Héritier, et le « Sermon de la Magdeleine », d'un auteur anonyme du XIIᵉ-début XIIᵉ siècle, repris par Vincent de Beauvais, puis par Jacques de Voragine dans *La Légende dorée*, entre autres.

**Joseph Bédier
(1864-1938)**

Écrivain, professeur et romaniste, il toucha le grand public avec son *Roman de Tristan et Iseut*.

* Joseph Bédier, *Les Fabliaux*, Paris, Honoré-Champion, 1964.

**Charles Perrault
(1628-1703)**

Écrivain et avocat, il exerça diverses fonctions d'État. À peine admis à l'Académie, il y fit lire un poème qui fut le déclencheur de la « querelle des anciens et des modernes ». C'est en 1697 qu'il fit paraître le recueil de contes qui lui valut la célébrité.

Ne retenons que le plus connu : « La Barbe-Bleue ». Que découvre l'historienne qui compare le conte de Perrault aux versions orales recensées en France et au Canada ? L'existence d'abord, pour ce qui est de l'histoire, de trois versions : celle que reprend Perrault et dont tout le monde connaît les personnages – Barbe-Bleue, sa femme, sa sœur et ses frères. Une autre version qui met en scène trois sœurs enlevées par un monstre et menacées de mort pour avoir violé la chambre interdite. Une autre où n'apparaît pas la chambre interdite et dont les personnages sont une sorte de diable et deux sœurs prisonnières que finiront par libérer des « êtres divins ».

L'abondance des variantes de détails ensuite, et le fait que Perrault, sans doute par respect pour la sensibilité de son lectorat, a rendu moins effrayants certains passages des versions orales particulièrement cruelles. L'existence enfin, variable, de formules, ainsi celle dite « du couteau » – « Guise, guise mon couteau » ou « Affile, affile, coutelas. Par le cou de ma femme tu passeras », « Agüse, agüse, couteau goudrille. Pour couper le cou à la fille ». Et qui ne connaît l'appel désespéré de la jeune femme condamnée à mort, appel repris trois fois : « Anne, ma sœur Anne, ne vois-tu rien venir ? »

Catherine Velay-Vallantin rappelle les rapprochements du conte – rapprochements déjà faits par d'autres historiens – avec certaines chansons très répandues en Europe à l'époque, dont « Renaud le Tueur de femmes » et « La Maumariée vengée par ses frères », chansons plusieurs fois jouées ou intégrées à une pièce de théâtre. Ici encore, le thème du conte est renforcé par des événements réels, ce qui donne, par exemple, « Les Infortunes inouïes de la tant belle, honnête et renommée Comtesse de Saulx », de François-Augustin Paradis de Moncrif, une sorte de

ballade de quarante versets en décasyllabes dont voici le début :

> «Sensibles cœurs, je vais vous réciter,
> «Mais sans pleurer, las! comment les conter?

> «Les déplaisirs, les ennuis et les maux
> «Qu'a tant soufferts la Comtesse de Saulx.
> [...]

> «Mais las, hélas! C'est que par trop étroit
> «Mari méchant, qui tant mal la traitait.

> «Dans son Chatel, entre quatorze tours
> «Comme en prison, la tint-il pas toujours?»

Le Petit Poucet

Centrée sur le couteau, la représentation de l'ogre est particulièrement effrayante : mains démesurées, yeux exorbités et veines bien saillantes. Seuls les restes d'oiseau répandus sur le lit indiquent que les fillettes sont ogresses, tout en présageant de leur triste destin.

Illustration de Gustave Doré.

Source : BNF.

117

L'historienne rejette par ailleurs toute filiation du conte de « La Barbe-Bleue » avec le procès fameux de Gilles de Rais, l'ancien compagnon de Jeanne d'Arc, condamné pour avoir enlevé, torturé, violé, tué, un grand nombre d'enfants. Tout au plus y aurait-il eu rencontre du récit et des événements. Par contre, elle retrace le conte dans la légende bretonne de sainte Tryphine, grâce en particulier à l'iconographie : des fresque trouvées dans une chapelle en rénovation, puis dans l'église de Pontivy, qui reproduisent intégralement l'histoire de « La Barbe-Bleue ».

* Catherine Velay-Vallantin, *L'Histoire des contes*, Paris, Fayard, 1992.

Finalement, Catherine Velay-Vallantin* montre, à l'évidence, la complexité du phénomène de récupération des thèmes du conte. Complexité d'autant plus grande que la confusion classique entre le conte-forme (le conte-performance) et le conte-récit (le conte-histoire) ne disparaît pas pour autant chez plusieurs.

Et nous voilà retombés dans l'ambiguïté conte-légende ! Parce qu'un thème de conte qui se répète peut devenir une légende... cette ambiguïté est d'ailleurs inhérente et aux contes et aux légendes.

Au fil du temps, le conte s'est toujours adapté au milieu qui l'accueillait. Pourrait-il s'adapter à un environnement électronique ? Peut-on imaginer se servir des modèles proposés pour concevoir des scénarios et même écrire des contes à l'aide de l'ordinateur ?

Les possibilités de l'informatique, en matière textuelle, dans les années 1970-1980, ont provoqué un véritable emballement chez plusieurs écrivains. Michel Butor, par exemple, expliquait lors d'une entrevue : « On peut, en un rien de temps, changer ce qu'on veut dans un texte, créer de multiples variantes. À partir d'une matrice, il est possible d'inventer des centaines d'histoires, de textes mobiles». Et de s'exclamer : « La littérature ne fait que commencer*! »

* *Libération*, 30 novembre 1989.

C'était le retour d'un ancien rêve, celui d'une machine écrivante tel qu'exprimé déjà au XVIIIe siècle dans les possibles du « métier à écrire », de Swift, et dont les racines théoriques peuvent être retracées au XVIe siècle chez les grands rhétoriqueurs français.

Rêve-fantasme que Robert Escarpit** reprendra avec son *Littératron*, qui comprenait aussi une « machine à poésie ». L'éditeur Henri Flammarion y a cru ; s'étant fait raconter le projet par Escarpit lui-même au cours d'un voyage dans un train, il lui proposa de le décrire et de l'illustrer par des exemples. Le terme même de « littératron » intrigue. Il nous fait penser à la démarche de Raymond Queneau remettant sur son métier cent fois son ouvrage et interrogeant les mécanismes de la falsification du discours. Voilà ici la justification étymologique du nom donné au groupe de l'Ouvroir de littérature potentielle (Oulipo), fondé en 1960 par François Le Lionnais et Raymond Queneau. Le groupe aura choisi le titre d'ouvroir pour ouvrage, car le mot ouvrage ramène le travail créateur, non pas à un mouvement littéraire comme celui des surréalistes, mais autant à des procédés qu'à des processus d'inspiration individuelle et collective. Il n'est pas étonnant que les Oulipiens, par le biais d'un sous-groupe appelé Alamo (Atelier de littérature assistée par la mathématique et les ordinateurs), se soient intéressés à des procédés automatiques inspirés notamment, dès 1973, par Raymond Queneau et son *Conte à votre façon*, édité dans la première anthologie*** des travaux oulipiens.

** Robert Escarpit, *Le Littératron*, *roman picaresque* Paris, Flammarion, 1954.

*** *Oulipo, la littérature potentielle*, Paris, Gallimard, coll « Idées », 1973.

L'auteur use de la structure du conte tout en l'ouvrant à l'intervention directe du lecteur, reproduisant dans l'écrit une relation complice conteur-conté. Ce faisant, il intègre

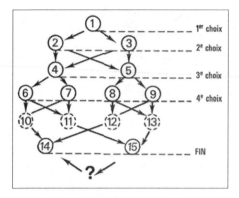

« L'arbre à théâtre » pourra servir à monter une comédie « combinatoire » : les spectateurs seront invités, dès la fin de la première scène, à indiquer quelle suite ils veulent donner à la pièce. Des choix exprimés à quatre reprises, il pourra surgir seize différentes pièces en cinq actes. Pour qu'une pièce soit jouable, elle sera constituée d'intrigues simples et logiques, et les choix laissés aux spectateurs devront être réels et fonctionnels.

Raymond Queneau,
Un conte à votre façon,
s.l., Kickshaws, 1982.

la dimension orale au conte écrit par le biais d'une astuce littéraire dont l'ordinateur faciliterait l'usage. La structure du conte de Queneau, analogue à la structure « en arbre » proposée par Paul Fournel pour le théâtre, se retrouve aussi bien dans les nouvelles technologies que dans les systèmes de renvois téléphoniques. Juste retour des écrivains sur les informaticiens, les premiers, profitant de la convivialité grandissante des logiciels, sont en mesure de proposer aux seconds des fonctions nouvelles, des procédés imaginatifs qui imprégneront la culture du futur. Pour mieux illustrer, citons le début d'*Un conte à votre façon* :

1. Désirez-vous connaître l'histoire des trois petits pois ?
   Si oui, passez à 4 ;
   Si non, passez à 2.

2. Préférez-vous celle des trois minces grands échalas ?
   Si oui, passez à 16 ;
   Si non, passez à 3.

Et ainsi de suite, jusqu'à une vingt et unième entrée. Des pas importants venaient d'être faits. La recherche se poursuivant sur l'intelligence artificielle et l'une de ses retombées textuelles, la traduction automatisée, il était normal que la passion pour la machine finisse par atteindre des littéraires. En font foi les travaux de Jean-Pierre Balpe et Bernard Magné, par exemple, à qui l'on doit le premier colloque* internationnal sur la «génération automatique de textes littéraires», organisé à Cerisy-la-Salle à l'été 1985.

La plupart des tentatives d'«écriture assistée par ordinateur» de l'époque portaient sur le poème, relativement facile à programmer, sur des scénarios et, souvent, sur des contes, à partir ou non des fonctions de Propp. Le but était alors pédagogique : faciliter les apprentissages de la langue et de l'écriture par le jeu. D'où les fameux «jeux de rôle**» et la mode de la lecture dite interactive. Comme si la lecture n'était pas toujours interactive! Comme s'il était suffisant pour écrire – au sens de créer – d'aligner des phrases correctes et plus ou moins standardisées!

Bien qu'à l'évidence ces tentatives ne débouchaient pas toujours sur de la littérature, elles ont eu le mérite de faire pénétrer les chercheurs dans les arcanes du texte, de les amener à des analyses plus serrées, plus descriptives, en évacuant, au moins dans une première étape, toute subjectivité susceptible d'obscurcir leur sens critique. Remettre en question le texte après division et subdivision des problèmes, n'était-ce pas s'assurer de résultats fiables, parce que fondés sur le réel?

Pour répondre plus directement à la question posée : au stade où en est la recherche, il n'est pas si aisé de se servir des modèles descriptifs du conte, tels qu'ils existent présentement, pour générer des textes.

> «La vraie machine littéraire sera celle qui sentira elle-même le besoin de produire du désordre, mais comme réaction à une précédente production d'ordre; celle qui produira de l'avant-garde pour débloquer ses propres circuits, engorgés par une trop longue production de classicisme. Et, de fait, étant donné que les développements de

* Actes publiés sous le titre *L'Imagination informatique de la littérature*, Paris, Presses universitaires de Vincennes, 1991.

** F. Debyser, « Le Tarot des mille contes », *Pratiques*, nos 11-12, novembre 1976.

la cybernétique portent sur les machines capables d'apprendre, de changer leurs propres programmes, d'étendre leur sensibilité et leurs besoins, rien ne nous interdit de prévoir une machine littéraire, qui, à un moment donné, ressente l'insatisfaction de son traditionalisme et se mette à proposer de nouvelles façons d'entendre l'écriture, à bouleverser complètement ses propres codes*. »

* Italo Calvino,
La Machine littérature,
Paris, Seuil, 1984.

Alors, il est nécessaire de poursuivre la recherche en ce sens. Seuls les inquiets qui ont de la création une conception démiurge peuvent s'y opposer.

À quoi sert le conte qui semble pouvoir résister à toutes les manipulations, à toutes les contrefaçons et même à toutes les analyses ? Que nous apprend-il de nous, ses conteurs-auditeurs et ses auteurs-lecteurs d'abord, et de la société qui lui donne naissance ensuite ?

Question pernicieuse s'il en est : pourquoi ce qui fait plaisir devrait-il être utile ? Mais question qui a sa raison d'être, compte tenu de l'universalité et de la pérennité du conte. Ce dont on est sûr, c'est que la fonction du conte varie au fil du temps et différemment selon les besoins de la société qui lui donne naissance ou l'adapte. On sait aussi qu'oral ou écrit, il est toujours séduction, que son rôle soit de simple amusement ou, dans certaines ethnies, de transmission de la tradition.

La séduction, dans ce dernier cas, se fait « manipulation des représentations mentales symboliques », le but étant de « transmettre [...] des valeurs qui ont fait leur preuve », d'assurer « une saine reproduction des relations de pouvoir* ». De sorte que le conte alors s'intéresse moins au bien-être de l'individu qu'à celui de la communauté. Aussi la morale naïve de Jolles, qui fait du conte occidental un conte subversif, ne s'applique pas partout de la même façon.

Autrement, à quoi sert le conte ? Anthropologues et psychanalystes se sont posé la question au sujet du conte traditionnel. Sigmund Freud, bien entendu, qui l'a comparé au rêve libérateur de l'inconscient.

Erich Fromm, autre psychanalyste, inscrit le conte dans le langage symbolique, « la seule langue universelle que la race humaine ait jamais forgée ».

> « La langue symbolique est une langue dans laquelle nous exprimons l'expérience intérieure comme s'il s'agissait d'une expérience extérieure, je veux dire une expérience du monde des choses qui nous touche ou nous a touchés. Le langage symbolique est un langage dans lequel le monde extérieur est le symbole du monde intérieur, le symbole de l'âme et de l'esprit**. »

* Robert Gauthier, *Pouvoir et vérité, argumentation et séduction*, Argumentation et valeurs, 5e colloque d'Albi, Toulouse, 1984.

** Erich Fromm, *Le Langage oublié. Introduction à la compréhension des rêves, des contes et des mythes*, Paris, Petite Bibliothèque Payot, 1980.

Un conte, c'est quelque chose que l'on invente et qui fascine les enfants et les fait souvent rêver. Les contes servent à faire comprendre quelque chose d'une façon détournée et joyeuse. On connaît le dénouement d'un conte... Mais la vie n'est pas un conte, c'est la réalité. Autrefois, et peut-être encore aujourd'hui, chaque village avait son « conteux » qui racontait des histoires imaginaires ou du passé révélant des choses tenues secrètes jusqu'alors.

Constance, 74 ans

Sigmund Freud et le conte

Le fondateur de la psychanalyse, Sigmund Freud (1856-1939), a contribué à l'analyse de plusieurs types de discours. Au cours de l'élaboration de ses théories et lors de ses analyses de rêves, voulant défricher leurs significations, il repéra des procédés proches de ceux utilisés en littérature. Par exemple : les symboles, les processus de condensation de plusieurs fantasmes en une même métaphore, les associations de toutes sortes allant des antagonismes frappants aux métonymies les plus subtiles.

Ces procédés aboutissent souvent à une forme de récit onirique qui n'a rien à envier à la fiction consciente. L'inconscient serait capable de dramatisation ; il suffirait qu'il parte d'un ou de plusieurs fantasmes cachés, latents, pour forger une situation les mettant manifestement en scène. Tels des contes, ces fantasmes, qui peuvent apparaître le matin au rêveur, trouvent ancrage dans sa réalité sans qu'il s'en doute. Depuis son énonciation, cet aspect de la théorie freudienne a entraîné des initiatives d'analyse des rêves, menées ou non par des professionnels, parfois contestées et souvent contestables parce qu'elles furent commercialisées et généralisées.

L'intuition et le talent de Freud furent d'aller voir du côté de la littérature, du côté des « vrais » contes, et non de faire l'inverse, c'est-à-dire d'y chercher les traces des fantasmes de l'inconscient, de ses structures et modes de structuration. La démarche intéressera l'ensemble des freudiens : Franz

Sigmund Freud,
vers 1932.

Rickin, Otto Rank, Géza Róheim et même un Carl Jung qui portera son travail jusqu'à l'analyse de l'inconscient collectif.

On pourra découvrir le fantasme de la séduction dans *Le Petit Chaperon rouge*. On trouvera le symbole du père dans l'empereur ou le roi. Le conte de l'écrivain québécois Marc Fisher, *L'homme qui ne pouvait pas vivre sans sa fille*, pourrait bien être une version moderne du fantasme de grossesse – sur la base de la peur d'un homme risquant de perdre toute relation de qualité avec sa fille. Pour parler comme Freud, ou comme les féministes, nous ne serions pas devant un fantasme de castration comme dans *Cendrillon*, mais devant une « envie d'utérus » dévoilant la détresse de certains hommes à l'idée de ne pas voir leurs droits paternels reconnus ni leur capacité à aimer autant que les femmes.

Bruno Bettelheim, plus près de nous, pour qui les contes ont une valeur pédagogique et thérapeutique : l'enfant, par identification, y apprendrait à dépasser ses angoisses, à socialiser, à donner un sens à sa vie. Ce que récuse Pierre Péju qui insiste sur le désir de liberté, par exemple, de la petite fille, Boucle d'Or, qui trouve « l'équilibre par la rêverie »*.

Marthe Robert y voit pour sa part une façon d'assimiler ce qu'elle appelle le «roman familial» de chacun, de chacune, par l'histoire des relations de jalousie, d'envie, de haine, mises en scène. Et la liste, on s'en doute, est loin d'être exhaustive!

Pour René Kaës, le conte serait une protopsychanalyse, soit une psychanalyse avant la lettre : «Rien de ce que la psychanalyse a découvert du psychisme humain n'est absent du conte», assure-t-il dans son introduction au collectif *Contes et divans. L'étoffe du conte***.

Même Einstein n'aurait pas été indifférent aux valeurs du conte, du moins comme le laisse entendre son dialogue avec une dame anglaise qui, souhaitant faire de son fils un bon scientifique, lui demandait ce qu'il fallait lui donner à lire.

— Des contes de fées, répondit le physicien.
— Bien, rétorqua la dame, trouvant cette première réponse naturelle, l'enfant étant petit.
— Mais ensuite?
— Des contes de fées, répéta Einstein.
— Après? insista la dame, sans doute un peu déroutée.
— Des contes de fées, répéta Einstein, imperturbable***.

Simple boutade de la part du grand physicien? Façon élégante de se débarrasser d'une importune? Et s'il y avait

* Pierre Péju, *La Petite Fille dans la forêt des contes*, Paris, Robert Laffont, 1981.

** *Contes et divans. L'Étoffe du conte*, textes réunis par René Kaës, Paris, Dunod, 1984.

*** Anecdote rapportée par Jack Zipes dans *Breaking the Magic Spell, Radical Theories of Folk & Fairy Tales*, Londres, Heinemann, 1979.

davantage? Si, par son insistance à répondre «Des contes de fées», Einstein prenait le parti de l'imaginaire sans lequel justement aucune grande idée ni aucun grand projet ne peuvent prendre naissance? Si, du coup, il transformait le paradoxe – l'écart apparent entre conte de fées et science – en moyen de connaissance privilégié...

Revenons à notre questionnement du début. Comment situer l'actuel regain d'intérêt pour le conte – phénomène à la limite tribal, au moins communautaire – dans le monde actuel qui se concentre sur l'individu et se pique de postmodernité ?

Se pourrait-il que les besoins, tant personnels que communautaires, débusqués «en creux» par les spécialistes dont il vient d'être question, soient à la base de ce soudain regain d'intérêt pour le conte, en particulier du conte oral? Postmodernité ou pas, la nature humaine ne change pas fondamentalement. Le rêve auquel on associe le conte est plus que jamais compris comme un régulateur du conscient par l'inconscient. Même nos ordinateurs paraissent rêver dès qu'on les laisse à eux-mêmes... En profiteraient ils pour désengorger leurs circuits?

Quant au langage symbolique et au roman familial, tout le monde en reconnaît l'existence et personne ne niera que l'un et l'autre influencent nos actions et nos communications quotidiennes. Encore moins s'il s'agit, chez l'enfant, de quête d'identité et de socialisation.

Cela dit, le «retour» du conte est un phénomène éminemment collectif qui s'inscrit probablement en réaction contre la solitude imposée par la ville. La ville, devenue mégapole, qui additionne, superpose les vies sans jamais vraiment les mettre en relation, comme le faisaient autrefois le village et la petite ville, lieux de rassemblement naturel de leurs habitants et de ceux de la campagne environnante.

Or le besoin de convivialité reste toujours présent et d'autant plus que la famille est dispersée. Le conte répond à ce besoin, satisfaisant à la fois le désir de se retrouver à plusieurs autour d'une activité de parole et la nécessité de combler un manque par projection dans un récit d'aventures dont le héros, l'héroïne, sortiront, l'espère-t-on, victorieux.

Le besoin d'histoires est en effet au cœur de l'imaginaire populaire. Il n'y a qu'à épier sur les visages, dans le métro, l'intérêt que suscite la lecture des faits divers pour comprendre ce besoin. Chaque histoire, qu'elle soit heureuse ou malheureuse, est un possible de «l'humaine condition». Chacun, chacune le sent, le sait. Et les héros, les héroïne, ne font pas défaut de nos jours, qu'ils se nomment Lady Di, Céline Dion ou Robert Piché, l'audacieux pilote qui sauva la vie de ses passagers par une manœuvre d'atterrissage risquée. Aussi était-il logique que cet intérêt débouche sur le conte, une forme qui a largement fait ses preuves et dont on redécouvre la nécessité. Même les performances contemporaines nommées «**légendes urbaines**» l'investissent.

Tout en racontant depuis toujours le milieu dont il est issu, le conte continue de venir d'ailleurs. À l'occasion, on va au-devant de lui, comme l'ont fait, à l'été 2003, trois compères – Ian, Erwan et Olivier – partis à bicyclette de Bordeaux pour se rendre en Chine en passant par la Turquie, l'Iran, le Pakistan et l'Inde. Leur but : recueillir des contes que le journal *La Presse* publiera chaque semaine.

Il est intéressant de noter que la responsable de la série a choisi de la présenter en racontant comment on en était venu à l'imaginer*.

« Il était une fois trois amis d'enfance à qui semblait destinée une vie plutôt rangée. Un beau matin, le premier dit aux deux autres : si on plaquait tout pour aller voir le monde à bicyclette ? Plus de quatre cents jours et quelque vingt-trois mille deux cent vingt-sept kilomètres plus tard, ils sont de retour. »

* Silvia Galipeau, « À vélo sur la route des contes », *La Presse*, Montréal, 23 juin 2003.

La légende urbaine

La légende du **Bonhomme sept heures** présentée dans un spectacle en plein air donné à Drummondville, en 2001.
Photo anonyme (détail) provenant du site www.legendesfantastiques.com

« La nuit venue, un étrange promeneur s'amène. Les enfants ont peur car lui seul peut réveiller les esprits des feux follets. »

Des légendes spectaculaires, des histoires abracadabrantes, des contes étranges, tous apparemment véridiques... les légendes urbaines font le tour de la planète. Ces histoires se propagent à une vitesse phénoménale, surtout depuis Internet. Elles traversent les frontières et s'adaptent aux cultures, aux mœurs ou à la géographie, afin de préserver leur vraisemblance. Racontées par des gens de bonne foi, elles sont déformées ou amplifiées par chacun des narrateurs successifs et s'avèrent, au bout du compte, totalement fausses. Au Québec, la plus connue des légendes urbaines serait celle du « Bonhomme sept heures » destinée à persuader les enfants à dormir tôt. Au-delà des histoires de croquemitaine que l'on raconte aux petits enfants pour leur donner la chair de poule, on propage aujourd'hui des histoires épouvantables ou farfelues comme cette histoire de crocodiles albinos qui proliféreraient dans les égouts de New York et qui seraient les descendants d'un couple de ces charmants lézards que des New-Yorkais auraient ramenés de Floride et qui auraient (les crocodiles) fui par les cabinets.

Et qu'est-ce que désirer découvrir le monde par le conte, sinon reconnaître à ce dernier une valeur cognitive exceptionnelle?

Par rapport au mythe, le conte se trouve être un tout petit récit, mais il se trouve être plus près de la réalité que le mythe qui, lui, se prétend explication du monde et de soi. Pendant que les grands mythes ou les grands discours qui les portent meurent doucement à l'époque actuelle, quel est l'avenir du conte?

**John Ronald
Reuel Tolkien
(1892-1973)**

Philologue et écrivain anglais, auteur de nombreuses œuvres de fiction dont les fameux *Bilbo le Hobbit* et *Le Seigneur des anneaux*.

L'engouement international à l'égard de l'œuvre de J.R.R.Tolkien, *Le Seigneur des anneaux*, publiée en trois volumes dans les années 1954-1955 et adaptée ensuite à la radio, au cinéma et à la scène; l'attirance des jeunes pour les aventures de Harry Potter, elles aussi portées à l'écran; et, encore, les histoires de l'ogre Shreck, qui s'annoncent aussi comme une série. Ces exemples connus démontrent à eux seuls que le conte a un avenir. Il s'agit là de contes «chauffés à blanc», portés à un degré d'efficacité magique que n'avaient pu imaginer leurs auteurs.

Magie pour tous, car ces contes modernes attirent aussi bien les grands que les petits, notamment pour leurs sous-entendus et leurs doubles sens (qui sont évidents dans Shreck – et qui s'adressent à un public adulte). Dans les scènes des contes traditionnels, les sous-entendus sont aussi fréquents et sont propices à des racontages qui font sourire les adultes sans que les enfants en saisissent les allusions.

Les doubles niveaux de langage élargissent le public en facilitant l'accompagnement des enfants par leurs parents, leur permettant d'apprécier un récit ayant d'abord leurs enfants pour cible. L'auditoire se voit encore élargi grâce aux technologies nouvelles qui attirent un public en quête de sensations fortes. Quels genres se prêtent le mieux aux effets spectaculaires, en effet, sinon ceux qui puisent au fantastique, au merveilleux, aux facéties avec animaux et monstres parlants? L'impact de ces contes reste à analyser; mais lorsque le récit est accompagné de musique forte et d'images géantes, il ne peut que marquer l'imaginaire.

Le conte interpelle toujours l'enfant inquiet en nous. Il gagne d'emblée son auditoire dès qu'il joue sur certaines cordes sensibles : quand il laisse espérer un dénouement apaisant, rassurant, qui répond aux grandes questions; quand, par son bon jugement, il laisse place à une forme de justice surprenante; quand il explique comment vivre avec

Le conte virtuel

La Québécoise Louise Guay, présidente de Mon Mannequin Virtuel[MC], a conçu entre autres logiciels, une application achetée par Disney. L'application permet aux fillettes et aux garçonnets de créer un modèle 3D de leur propre corps et de porter les vêtements et les accessoires d'une garde-robe universelle s'inspirant d'un conte. Par le truchement de la virtualité, les enfants se métamorphosent en personnages réels d'histoires imaginées.

« Mimant notre image, notre comportement et bientôt notre raisonnement, quel statut notre double virtuel aura-t-il? Devenir son propre modèle deviendra-t-il une expérience de communication d'un nouveau type? Ne sera-ce pas là le destin d'un héros ou d'une héroïne de conte? Le conte serait-il la nouvelle fiction interactive 3D? Avec la technologie, la biotechnologie et la nanotechnologie, l'ordinateur devient intelligent et l'humain s'interface avec de nombreux systèmes en réseau. Où tout cela commence-t-il? et où tout cela finit-il? deviennent les vraies questions. Corps image, corps données, corps en mille éclats dans les réseaux d'information se relayant sur la route vers soi. Corps nomade qui va partout, restant sur place, dans sa chambre. Le virtuel, c'est aller au Pays des Merveilles. » – Louise Guay certaines difficultés et comment s'en sortir, bref quand il aide à résoudre des problèmes quotidiens en procurant un brin de sens pratique et de sagesse. En outre, le conte trouverait avec les technologies actuelles d'autres motivations : le jeu, l'interactivité manifeste et active, le sensationnalisme.

Si ces contes modernes occupaient dans l'imaginaire populaire la place laissée vacante le temps de quelques générations par le conte traditionnel – les anciennes sagas et autres histoires de roi Arthur, de Table ronde, de chevaliers amoureux de belles infidèles – ils répondraient au besoin d'histoires vite connues de tous, mais qu'il est si bon s'entendre raconter encore et encore. Il est possible que les histoires transmises par la télévision, le cinéma et la vidéo se substituent, petit à petit, surtout depuis les années 1960, aux veillées de contage. Pourtant, même apparemment suspendu, le conte traditionnel survit dans l'intimité des contages locaux. De temps en temps, il connaît un nouveau souffle parce que les médias le remettent au-devant de la scène des activités à caractère folklorique, notamment. Serions-nous alors devant l'illusion d'un regain ? Qu'importe, puisque cette illusion serait tout de même génératrice d'un intérêt supplémentaire. Et, quoi qu'il en soit, on pourra toujours affirmer que de nombreux contes modernes s'inscrivent, aussi paradoxal que cela puisse paraître, dans des mouvements de pensée individuelle qui prolongent, au-delà des révolutions tranquilles, un besoin d'affirmation et d'épanouissement de l'individu.

Si la société occidentale maintient le conte en vie par divers artifices, elle ferait mourir le **mythe** à petit feu. Le conte a un avenir, car il cherche généralement à établir un tenir-ensemble. On revient toujours au conte rassembleur, au conte par qui l'identité d'une société, et parmi elle d'un individu, se forge et se cristallise.

Le mythe

Avant même l'apparition du conte et de la légende, le mythe (premier genre «littéraire») permettait de transmettre des connaissances. Dans ce «récit symbolique [...] personnages, paroles et action visent à instaurer un équilibre de valeurs spirituelles et sociales où chacun peut se situer et qui donne une interprétation de l'existence» *(Gradus)*. Le mythe «raconte une histoire sacrée; il relate un événement qui a eu lieu dans le temps primordial, le temps fabuleux des commencements» (Mircea Eliade). Le mythe fait «la relation d'un événement qui n'a jamais eu lieu à propos d'une chose qui existe depuis toujours» (Salluste). «[...] le mythe est l'une des premières manifestations de l'intelligence humaine. Les premiers contes que l'homme a imaginés lui ont été inspirés par le spectacle des choses, dont il ne parvenait pas à saisir le sens [...] La forme mythique est la forme primordiale de l'esprit humain; elle est à l'origine de toute poésie, à l'origine de toute littérature» *(Mythes et mythologie)*. «Le mythe donne une signification au monde et à l'existence humaine. Il saisit le monde en tant qu'univers bien ordonné parfaitement compréhensible. Voilà toute son importance» (Bertrand Bergeron).

Sources

Bernard Dupriez, *Gradus. Les procédés littéraires*, Paris, Union générale d'édition, coll. « 10/18 », 1977.

Félix Guirand, Joël Schmidt, *Mythes et mythologie*, Paris, Larousse, coll « in extenso », 1996.

www.calma.qc.ca/lettres

Illustration

La louve allaitant les jumeaux Romulus et Remus, qui sont le symbole mythique de la ville de Rome.

Rome, musée du Capitole.

Peut-on faire l'hypothèse que les succès du conte dépendent de sa proximité avec le mythe qu'il se trouve à renouveler ? Encore que le conte occidental actuel soit profane, mis à part les contes provenant de communautés encore très proches de la nature, certains contes autochtones, par exemple, qui font appel à la croyance pour expliquer les grands bouleversements du monde physique – ainsi, à même la terre ferme, la création de la rivière Saint-Maurice par un Amérindien sur le point de mourir.

Jean-Claude Dupont, *Légendes amérindiennes*, Québec, chez l'auteur, 1992.

Ou l'existence du monde de l'esprit, comme dans cet extrait de « Sagana. À l'origine de l'Esprit » où le héros, un Algonkin, parti à la recherche de la dimension spirituelle de sa culture, rencontre des être inquiétants :

« La forêt se lamentait toujours. Des cris étranges traversaient l'air, des cris jamais entendus auparavant, des cris sortis de gorges de bêtes inconnues. L'air était suffocant. Il sentit une présence : un coup d'aile, tout près, lui glaça le sang. D'une brusque lueur la forêt s'éclaira, le temps d'un coup d'œil. En ce bref instant. Bawadjigan perçut deux grands oiseaux, ou plutôt... deux chauves-souris... non, deux hommes, deux hommes avec des ailes de chauves-souris, battant au ralenti, tout près et presque immobiles.

La rivière Saint-Maurice

«Ce moment de clarté lui permit d'entrevoir plusieurs autres êtres bizarres. Certains n'avaient qu'une seule jambe, un seul bras, un seul œil au milieu du visage : ils sautillaient pour se déplacer, sans avoir l'air d'en être incommodés. D'autres faisaient partie du peuple des Petits Hommes dont Doh-nah-kik-nah père avait parlé à Bawadjigan enfant. Ils étaient de la hauteur de l'articulation majeure de la jambe et mâchaient constamment quelque vert herbage qu'ils crachaient ensuite en un liquide de cette couleur. Il y avait aussi des êtres sans dos, sans fesse, identiques des deux côtés, avec un pied sur chaque face*.»

* *Contes adultes des territoires algonkins*, textes réunis par Bernard Assiniwi et Isabelle Myre, Montréal, Léméac, coll. « Ni-T'Chawama, Mon ami mon frère », 1985. Cette édition reprend l'essentiel des recueils *Anish-Nah-Bé* (1971) et *Sagana* (1972).

Le conte occidental contemporain est profane, mais ne s'éloigne jamais tout à fait de ses origines mythiques. Aussi lui arrive-t-il souvent de poser, sur le plan individuel, des questions relatives à l'identité, à la sexualité, au bien et au mal, à la vie et à la mort... mais de manière ludique, dans une dynamique de vérité-mensonge dont il se sert pour charmer son auditoire – qui n'est pas dupe. Cela différencie le conte du mythe, ce dernier porteur de vérité collective et explication du monde et de soi. De fait, la présence des mythes s'atténue et, en même temps, l'importance des grands idéaux. De nouvelles attitudes ou certitudes apparaissent à mesure que le monde change. Faudra-t-il regretter le mythe ?

Oral ou écrit, le conte dispose de toutes les ressources de la langue pour nous expliquer le monde. Son pouvoir est celui de l'«œuvre ouverte», pour reprendre un titre du sémiologue et romancier italien, Umberto Eco. Le conte est ouvert à l'évolution des idées, de la morale et des événements du monde.

Connu pour ses grands romans, dont *Le Nom de la rose*, Umberto Eco a aussi pratiqué l'art du conte. *La Bombe du*

Umberto Eco,
La Bombe du général,
Les Trois Cosmonautes,
illustrations
d'Eugenio Carmi,
Paris, Grasset, 1989.

général nous raconte l'histoire d'un général qui voulait lancer la bombe mais les atomes se révoltent. Ils s'en vont chacun de leur côté : pas d'atome, pas de bombe, pas de général, pas de guerre.

Les Trois Cosmonautes voit un Américain, un Russe et un Chinois partir pour la planète Mars. Chacun des trois veut arriver avant les autres, mais une surprise les attend : un Martien – que les cosmonautes trouvent fort laid, donc méchant, mais qui deviendra éventuellement leur ami. Pas de gagnant, pas de perdant, pas de conflit. L'auteur propose une culture de la paix. Les contes d'Eco ne discutent pas tant des mises en situation familiales ou sociétales, mais des situations de survie planétaire.

Nous pouvons miser sur les enseignements du conte ; ils répondront toujours au besoin qu'ont les humains de s'expliquer à eux-mêmes les plaisirs et les déplaisirs de vivre ensemble, malgré les mythes qui se lèvent et qui tombent.

* * *

Le conte, « tel qu'en lui-même l'Éternité le change... »

Remerciements de l'auteure

Je tiens à remercier
ma collègue Micheline Cambron,
du département d'études françaises de l'Université de Montréal,
dont les commentaires m'ont été précieux.
Merci à Line McMurray,
une compagne de recherche et d'écriture de toujours,
qui m'a incitée à développer le concept d'Idée-conte.
Merci à mon mari, Jean-Marie Demers,
pour sa patience et ses encouragements,
ainsi qu'à ma petite-fille
Laurence Demers-Arsenault,
pour son aide technique.

Index

Bibliographie

BARCHILON, Jacques, *Le Conte merveilleux français de 1690 à 1790,* Paris, Honoré Champion éditeur, 1975.

« Conte parlé / conte écrit », *Études françaises,* numéro préparé sous la direction de Jeanne Demers et Lise Gauvin, Montréal, Presses de l'Université de Montréal, vol. 12, nos 1-2, avril 1976. En particulier la section « Documents : cinq versions de Rose Latulipe », p. 25-50.

Contes et divans. Les fonctions psychiques des œuvres de fictions, collectif, Paris, Dunod, coll. « Inconscient et culture », dirigée par René Kaës et Didier Anzieu, 1984.

FLAHAULT, François, *L'Interprétation des contes,* Paris, Denoël, 1988.

FROMM, Erich, *Le Langage oublié. Introduction à la compréhension des rêves, des contes et des mythes,* traduit de l'anglais par Simone Fabre, Paris, Petite Bibliothèque Payot, 1980.

« Les contes / oral / écrit / théorie / pratique », *Littérature,* n° 45, Paris, Larousse, 1982. En particulier, de Jeanne Demers, Lise Gauvin et Micheline Cambron, « Quand le conte se constitue en objet(s). Bibliographie analytique et critique », p. 79-113.

JOLLES, André, *Formes simples,* traduit de l'allemand par Antoine Marie Buguet, Paris, Seuil, coll. « Poétique », 1972.

MASSIE, Jean-Marc, *Petit manifeste à l'usage du conteur contemporain. Le renouveau du conte au Québec,* Montréal, Planète rebelle, 2001.

MÉTÉTINSKI, E., *L'Étude structurale et typologique du conte,* traductions de Marguerite Derrida, Tzvetan Todorov et Claude Kahn, Paris, Seuil, coll. «Points», 1970.

POIRION, Daniel, *Le Merveilleux dans la littérature française du Moyen Âge,* Paris, Presses universitaires de France, coll. «Que sais-je?», 1982.

PROPP, Vladimir, *Morphologie du conte,* suivi de *Les Transformations des contes merveilleux,* traductions de Marguerite Derrida, Tzvetan Todorov et Claude Kahn, Paris, Seuil, coll. «Points», 1965.

ROBERT, Marthe, *Royaume de nulle part, Roman des origines et origines du roman,* Paris, Grasset, 1972, p. 81-103.

SIMONSEN, Michèle, *Le Conte populaire français,* Paris, Presses universitaires de France, coll. «Que sais-je?», 1981.

SORIANO, Marc, *Les Contes de Perrault. Culture savante et traditions populaires,* Paris, Gallimard, 1968 et 1977.

VELAY-VALLANTIN, Catherine, *L'Histoire des contes,* Paris, Fayard, 1992.

LE CONTE
DU MYTHE À LA LÉGENDE URBAINE
est le huitième titre de cette collection

Cet ouvrage
a été achevé d'imprimer en juillet 2005
sur les presses d'AGMV Marquis
à Cap-Saint-Ignace
pour le compte de Québec Amérique

Imprimé au Québec (Canada)